刑事辩护

文书范例 与 实务要点

唐学文 编著

Writing Samples and Key Points of
CRIMINAL DEFENSE

法律出版社
LAW PRESS·CHINA

———— 北京 ————

图书在版编目（CIP）数据

刑事辩护文书范例与实务要点／唐学文编著． -- 北京：法律出版社，2023
　　ISBN 978-7-5197-7606-0

Ⅰ．①刑… Ⅱ．①唐… Ⅲ．①刑事诉讼-法律文书-中国 Ⅳ．①D926.13

中国国家版本馆 CIP 数据核字（2023）第 030990 号

刑事辩护文书范例与实务要点
XINGSHI BIANHU WENSHU FANLI YU SHIWU YAODIAN

唐学文　编著

策划编辑　林　蕊　周　洁
责任编辑　林　蕊　周　洁
装帧设计　李　瞻

出版发行	法律出版社	开本	710 毫米×1000 毫米　1/16
编辑统筹	司法实务出版分社	印张	15.25　字数 256 千
责任校对	王　丰	版本	2023 年 5 月第 1 版
责任印制	胡晓雅	印次	2023 年 5 月第 1 次印刷
经　　销	新华书店	印刷	固安华明印业有限公司

地址：北京市丰台区莲花池西里 7 号（100073）
网址：www.lawpress.com.cn　　　　　　销售电话：010-83938349
投稿邮箱：info@lawpress.com.cn　　　　客服电话：010-83938350
举报盗版邮箱：jbwq@lawpress.com.cn　　咨询电话：010-63939796
版权所有·侵权必究

书号：ISBN 978-7-5197-7606-0　　　　　　定价：68.00 元

凡购买本社图书，如有印装错误，我社负责退换。电话：010-83938349

前　言
让每一份刑辩法律文书都有力量

2004年,"国家尊重和保障人权"作为宪法原则,首次写入我国《宪法》。被称为"小宪法"的《刑事诉讼法》,直接关乎人权,因为《刑事诉讼法》赋予了公安司法机关必要的权力来追究和惩罚犯罪。稍有不慎或滥用职权,势必会殃及无辜,所以《刑事诉讼法》也对国家公权力予以严格限制,以防止公民个人权利受到侵害。

如何让尊重和保障人权原则及相应的保障制度实实在在地落地？仅仅依靠公安司法机关和当事人是不可能完全得以实现的。就司法机关而言,如果没有监督,必有权力肆意。而指望通过当事人自己辩护,轻易避免错案、冤案,恐难以奏效。辩护制度在《宪法》《刑事诉讼法》《律师法》中得以确认,让犯罪嫌疑人、被告人在刑事诉讼中的程序权利和实体权利依法得以保障。

公安司法机关在对犯罪嫌疑人、被告人采取侦查、审查起诉、审判、刑事执行措施时,所有的动作都是以法律的名义,通过法律文书的形式,对外付诸实施。法律文书作为重要的司法载体,从制作、格式、审批、送达到权利救济都有明确而又严格的规范要求。作为依法维护犯罪嫌疑人、被告人合法权益的辩护律师,站在监督和维权的角度,更要熟悉这些与当事人息息相关的法律文书都有怎样的制作规范。可以直接把这些法律文书比作辩护律师预破的"靶子"。如何让每一份刑辩法律文书都能直击"靶心",通过其取得有利于当事人的结果,确实是一个有难度的课题。

从笔者执业近20年的经历来看,太多刑事辩护律师递交司法机关的法律文书,无论从形式上,还是内容上,均有很大的提升空间。也正因为从外到内的不足,导致这些法律文书无法很好地维护当事人的合法权益。为什么会有这种较为普遍的现象？笔者认为有以下两点原因,一是律师的实务培训尚未实现真正意义上的体系化；二是缺乏有系统化、针对性的刑辩法律文书范例去指引如何写文书。

青年律师执业中适用相应刑辩法律文书时,大多是到网络下载那些质量良莠不齐的范本,做些修补,然后就作为成型文书提交了。

如何让每一份刑辩法律文书做到内外兼修、形神兼备,字字"诛心"、句句"入骨"?徒然想起三国时诸葛亮之舌战群儒、"建安七子"陈琳之《为袁绍檄豫州文》及鲁迅之"像投枪,像匕首"杂文。我们要做到笔墨纸砚皆兵器,让每一份刑辩法律文书实现"有名有实"的立驳!

为此,笔者以司法部《关于下发〈律师刑事诉讼格式文书〉标准样式的通知》(司发通〔2001〕051号)为基础蓝本,又多方查阅刑辩法律文书的著作、浏览网络上优秀的文书范例,并结合自己的执业经验,形成了这本《刑事辩护文书范例与实务要点》。在具体撰写针对性刑辩法律文书时,笔者还想强调以下四种思维,供参考。

第一,动笔之初,要有"化打结合"的太极思维。

太极拳作为世界文化遗产,蕴含丰富的中华文化。拳的实质是技击,而太极拳却从不主动进攻,而是"以静制动""以柔克刚""化打结合"。这不正是刑事诉讼当事人实然的状态吗?对于司法机关的指控,犯罪嫌疑人、被告人被动应对,采取的往往是以静制动,以柔克刚,这里要提"化打结合",才能"我守我疆"。

举例说明,犯罪嫌疑人被送达《拘留证》、家属被送达《拘留通知书》后,接受委托的辩护律师针对这些拘留文书,应"出牌"的辩护法律文书是《取保候审申请书》。简单、格式化、套路化的《取保候审申请书》,效果必定不佳。这时需要做"化"的准备,即考虑运用哪一种可以取保候审法定情形。同时还要做"打"的工作,即主动挖掘看有无当事人不在犯罪现场、未达刑事责任年龄、属于依法不符刑事责任的精神病人的法定情形?如果有,积极采取调查收集。一旦取得证据,应写入《取保候审申请书》内,并附该证据,效果一定会更好。又如主动研究审查本案采取措施的办案机关有无案件管辖权等,不应简单地顺势而为,而应逆势而上、以动制动。

第二,文书外观要有"秀外和慧中同样重要"的思维。

马克·吐温曾经说过"不修边幅的人在社会面前是没有影响力的";也有一种说法是"人们往往根据书的封面来判断一本书的内容"。前者,强调优雅的外表影响人们对一个人的判断;后者强调美观的封面影响人们对一本书的判断。"文犹质也,质犹文也,虎豹之鞟犹犬羊之鞟。"重才不重貌的时代早已过去,秀外和慧中同样重要。笔者见过个别刑辩律师给司法机关提交的几页刑辩法律文书,没有封页封底、没有页脚页眉、没有规范的文字排版。试想这样的文书能否引起办案人继续阅读的欲望？

我们的刑辩法律文书，需要精美的内外文案设计，需要有点"威仪"。其实，精美的文书外观设计，再加上"有货有料"的内容，本身也是对办案机关的尊重，同时也是对自己执业的负责。

第三，文书结构要有"金字塔原理"的思维。

建议可以运用一下芭芭拉·明托著作的《金字塔原理》一书中"思考、表达和解决问题的逻辑"的金字塔原理。金字塔的基本结构是："中心思想明确，结论先行，以上统下，归类分组，逻辑递进。先重要后次要，先全局后细节，先结论后原因，先结果后过程"；金字塔训练表达者："关注、挖掘受众的意图、需求、利益点、关注点、兴趣点和兴奋点，想清内容说什么、怎么说、掌握表达的标准结构、规范动作。"

以《刑事辩护词》为例，辩护律师一定要清楚这个文书是写给谁的，以及他想看什么？具体做法就是，注意法官真正关注点，要有法官思维，明确无罪、轻罪、罪轻的辩点，即结论先行；然后给出靠谱的理由；最后首尾呼应，画龙点睛。即开篇亮剑，结尾总结，以总—分—总结构结束论证。

要突出重点，不能主次不分。每一个大标题、中标题、小标题均是提炼过的思想精华，尽量用一句话表述要点。即能有一句话不用一句半。大标题和大标题之间内容均为并列关系，不要出现交叉或包含。每一大标题下的中标题或小标题也是内容均为并列关系，亦不能交叉或包含。同一层级在一起，不同层级的绝不混在一起。

另外，针对法庭上公诉人发言，涉及的真正焦点问题，《刑事辩护词》不能采取回避态度，更不能遗漏真正的焦点问题。写作中需立驳结合，要先立论、后驳论。立论要明确，反驳要精准。既要"内容全面"，又要"重点突出"。

按照金字塔原理写出的《刑事辩护词》逻辑清晰、层次分明。再加上内容靠谱、言简意赅、论证有力，就更能够让法官接受辩护观点。

第四，文书内容要有"紧扣罪状和要件"的思维。

"好看的皮囊千篇一律，有趣的灵魂万里挑一。"该句话意在看到外在美的同时，更要突出看内在的美，内在美才最有价值。

一篇强而有力的刑辩法律文书，除了有精美的外观设计外，更重要的是内容"有货有料"。这个"货和料"，笔者认为就是辩护内容能"紧扣罪状和要件"。

以某教育和体育局组织政府招标教育设备的串通投标案为例，某企业法人代表涉嫌串通投标的案情是围标方式中标，投标项目金额达208万元，牟利达15万元。犯罪嫌疑人被移送审查起诉后，辩护律师应提交《关于×××涉嫌串通投标一案建议不移送起诉的辩护意见》。该文书正文首先应考虑指控罪状是否满足《刑法》第223条关于投标人相互串通投标报价，或者投标人与招标人串通投标损害他人利益的具体罪状以及是否符合《最高人民检察院、公安部关于公安机关管辖的刑事案件立案追诉标准的规定（二）》第68条应予立案追诉的情形；再紧扣"酌定不起诉"的法定情形。酌定不起诉必备条件为：(1)犯罪嫌疑人实施的行为触犯了《刑法》，符合犯罪构成要件；(2)犯罪行为情节轻微，依照《刑法》规定不需要判处刑罚或免除刑罚。接着判断案件是否有以下情形：(1)在共同犯罪中，起次要或辅助作用的；(2)犯罪嫌疑人自首或自首后立功等情形。法律、司法解释规定的情形，即为要件。如证据足以认定犯罪嫌疑人构成串通投标罪，其属于从犯及自首，且涉案数额刚超立案追诉标准，符合酌定不起诉法定情形的，辩护律师就应当提出书面的酌定不起诉的辩护意见及听证申请，提交检察机关。

周光权教授在他的著作《刑法公开课》中有这么一句话："法律人的看家本领是论证，只有驾驭好这项技艺，才能对案件的处理有准确判断，才能做到以理服人。"论证包括口头和书面。口头交涉和法庭辩护，属于口头论证，而更多实务论证是能够留痕的书面论证，就是通过刑辩法律文书，这也是刑辩律师和司法机关最常见的交流方式。

党的十八届三中全会通过的《中共中央关于全面深化改革若干重大问题的决定》将"增强法律文书说理性，推动公开法院生效裁判文书"作为深化司法改革的内容之一。最高人民法院配套出台了《关于人民法院在互联网公布裁判文书的规定》，建立中国裁判文书网，推动裁判文书全面在互联网公开。"让每一份法律文书体现司法公正""网晒裁判文书，体现司法自信，提升司法公信"，是司法机关追求的目标。与此同时，全国律协律师发展战略研究会副主任委员刘峰在《人民日报》发表了《律师辩护词代理词也应公开》[①]的文章。我们律师能不能或敢不敢也有那份自信，将自己每一份刑辩法律文书在互联网上，面向全社会也公开？这确实是个考验。如果我们律师每份刑辩法律文书都足够有力量，能起到纠偏防冤的效果，笔者认为，这又何尝不可？从大处说，这样有利于国家法治；从小处说，这样

---

① 该文章载《人民日报》2015年3月25日，第19版。

有利于个案公正；从营销角度说，也是一个对律师品牌的宣传。

《刑事辩护文书范例与实务要点》是笔者的首次尝试。本书整体以《刑事诉讼法》条文为脉络，梳理刑辩各阶段法律文书，在前后又分别添加了收案阶段，以及律师接受委托内部管理文书。每个文书下有四个部分："文书简介"，介绍该文书是什么；"实务要点"，介绍该文书的内容和实务价值；"文书范例"，提供笔者在20余年刑辩经验基础上总结的文书格式；"法律依据"，介绍该文书或该阶段涉及的主要法律法规，考虑图书体量与使用便利的平衡，此部分列举文书制作直接法律依据原文和相关法律依据条款号。理想很丰满，现实很骨感，尽管竭尽全力，试图让这本书提供的范本成为刑辩律师可直接借鉴的工具，但是由于能力和学识有限，难免有疏漏欠妥之处，一定和读者的要求还存在很大差距。恳请读者多多指正并提出宝贵意见。编写过程中，王振宝律师、徐萍律师、封伟律师给予很多具体的完善意见，使书稿得以改进。在此致谢！

最后，祝我们每一位刑辩律师的刑辩法律文书都充满力量！

唐学文

2023年4月

目　　录

第一章　收案阶段程序性文书 …………………………………… 1
 一、接案笔录(接待委托人签约前用) ……………………………… 3
 二、刑事辩护授权委托书(委托人授权用) ………………………… 6
 三、刑事委托合同(与委托人签约用) ……………………………… 9
 四、律师事务所函(告知办案单位用) ……………………………… 12
 五、要求听取律师意见的函(要求侦查机关、检察机关、法院听取
   律师意见用) ……………………………………………………… 14

第二章　《刑事诉讼法》总则相关程序性文书 …………………… 17
 一、管辖权异议申请书(提出管辖权异议用) ……………………… 19
 二、回避申请书(申请回避用) ……………………………………… 28
 三、取保候审申请书(申请取保候审用) …………………………… 35
 四、监视居住申请书及解除监视居住申请书(申请监视居住及解
   除监视居住用) …………………………………………………… 41
 五、律师会见在押犯罪嫌疑人、被告人专用介绍信(看守所会见
   犯罪嫌疑人/被告人用) ………………………………………… 46
 六、会见犯罪嫌疑人申请书(需要批准会见案件用) ……………… 48
 七、翻译人员协助律师会见申请书(会见不通晓当地通用语言犯
   罪嫌疑人、被告人用) …………………………………………… 51
 八、核实立功线索申请书(核实立功线索用) ……………………… 53
 九、调查取证申请书(申请调查取证用) …………………………… 56
 十、提请调取证据申请书(申请提请调取证据用) ………………… 58
 十一、重新鉴定、勘验申请书(申请重新鉴定勘验用) …………… 61

十二、非法证据排除申请书(申请排除非法证据用) …………… 64
十三、调取及复制同步录音录像申请书(申请调取、复制讯问同步录音录像) …………………………………………………… 69

第三章 立案、侦查和提起公诉阶段程序性文书 …………… 73

一、提请立案监督申请书(被害人或行政执法机关提请立案监督申请用) …………………………………………………… 75
二、撤销案件申请书(撤销刑事案件用) ……………………… 78
三、不提请批准逮捕的辩护意见(侦查提请逮捕前用) ……… 82
四、建议检察机关作出不批准逮捕决定的辩护意见(检察院审查批准逮捕前用) ………………………………………………… 87
五、羁押必要性审查申请书(批捕后申请羁押必要性审查用) …………………………………………………………… 92
六、羁押听证申请书(对犯罪嫌疑人/被告人进行羁押听证用) …………………………………………………………… 96
七、建议不移送审查起诉的辩护意见(侦查终结前用) ……… 99
八、建议不移送起诉的辩护意见(审查起诉阶段用) ………… 102
九、不服不起诉决定申诉书(被不起诉人对不起诉决定不服申诉用) ……………………………………………………………… 110
十、不服不起诉决定申诉书(被害人对不起诉决定申诉用) ……… 112

第四章 审判阶段程序性文书 ………………………………… 115

一、刑事自诉状(被害人向法院提起自诉用) ………………… 117
二、刑事附带民事起诉状(被害人提起刑事附带民事诉讼用) …… 120
三、召开庭前会议申请书(申请法院召开庭前会议用) ……… 123
四、被告人参加庭前会议申请书(被告人需要参加庭前会议用) 127
五、不公开审理申请书(案件依法应不公开审理用) ………… 130
六、关于组成七人合议庭审理申请书(案件需组成七人合议庭审理用) ……………………………………………………………… 132
七、适用简易程序或刑事速裁程序申请书(案件符合简易或速裁

程序时用)……………………………………………………… 135

　八、简易程序/速裁程序转为普通程序审理申请书(案件应由简
　　　易程序或速裁程序转为普通程序用)…………………… 137

　九、延期审理申请书(申请案件延期审理用)………………… 140

　十、中止审理申请书(申请案件中止审理用)………………… 143

　十一、带律师助理参加庭审活动申请书(申请助理参加庭审活动
　　　用)…………………………………………………………… 145

　十二、通知证人出庭申请书(申请证人出庭用)……………… 147

　十三、传唤被害人出庭作证申请书(申请被害人出庭用)…… 150

　十四、鉴定人出庭申请书(申请鉴定人出庭用)……………… 153

　十五、有专门知识的人出庭申请书(申请专门知识的人出庭用)… 157

　十六、翻译人员出庭申请书(申请翻译人员出庭用)………… 161

　十七、侦查人员出庭申请书(申请侦查人员出庭用)………… 163

　十八、直播庭审活动申请书(申请庭审活动直播用)………… 167

　十九、调整开庭日期申请书(申请调整开庭日期用)………… 170

　二十、刑事辩护词(一审、二审、再审发表辩护意见用)…… 173

　二十一、刑事上诉状(被告人不服一审判决、裁定用)……… 177

　二十二、二审开庭审理申请书(申请二审开庭用)…………… 180

　二十三、刑事申诉状(被告人、被害人不服生效判决、裁定申诉用)
　　　　………………………………………………………… 183

　二十四、申诉听证申请书(申请对申诉案件听证用)………… 186

　二十五、暂予监外执行申请书(申请监外执行用)…………… 189

　二十六、死刑复核律师辩护意见书(死刑复核发表辩护意见用)… 193

第五章　刑事诉讼其他程序性文书………………………………… 197

　一、被害人共同诉讼代表人推选书(涉众型刑事案件被害人推选
　　　代表人用)………………………………………………… 199

　二、刑事和解协议书及刑事谅解书(达成刑事和解、取得被害人
　　　谅解用)…………………………………………………… 200

第六章　律师接受委托内部管理文书 ·············· 205
一、文书制作须知 ·············· 207
二、会见笔录(律师看守所会见犯罪嫌疑人/被告人用) ·············· 208
三、律师调查笔录(律师自行调查取证用) ·············· 215
四、侦查阶段诉讼权利义务告知书(告知犯罪嫌疑人/被告人侦查阶段的权利义务用) ·············· 219
五、审查起诉阶段诉讼权利义务告知书(告知被告人审查起诉阶段的权利义务用) ·············· 223
六、各阶段办案期限告知表(告知犯罪嫌疑人/被告人各阶段办案期限用) ·············· 227
七、办案总结 ·············· 232

第一章
收案阶段程序性文书

一、接案笔录

（接待委托人签约前用）

文书简介

接案笔录，是指在签约前，律师接待委托人所形成的谈话笔录。

实务要点

（一）接案笔录的内容

主要涉及：(1)核对委托人的基本信息；(2)明确与案件当事人的法律关系；(3)初步了解涉案的基本案情、所处阶段、办案单位及办案人、羁押场所等信息；(4)了解委托人的诉求（目的）；(5)告知律师职责和提供法律服务的内容；(6)收取律师费的依据及数额。

（二）接案笔录的实务价值

接案笔录是对律师执业专业化和标准化的基本要求之一，会起到在签订代理协议前固定案件相关信息、告知当事人法律风险及防范律师执业风险的作用。所以接案笔录是律师执业的必备文书。成案签约前，一定要有接案笔录。

特别是在防范执业风险方面，接案笔录有非常重要的作用。笔者作为地方律协惩戒委委员，在处理投诉律师案件的过程中，常见到委托人和承办律师各执一词，均空口无凭。当要求被投诉律师提供接案笔录借以还原接案事实时，有些律师因为没有制作接案笔录而无法提供，因此导致被投诉律师处于不利地位。律师是专业法律人员，在维护当事人权益之时，更要有自我权益维护的证据意识。

文书范例

接 案 笔 录

谈话人：＿＿＿＿＿＿，＿＿＿＿＿＿律师事务所律师
被谈话人（委托人）：＿＿＿＿＿＿，身份证号码：＿＿＿＿＿＿
住所：＿＿＿＿＿＿，电话：＿＿＿＿＿＿
地点：＿＿＿＿＿＿律师事务所第＿＿＿＿＿＿会议室
记录人：＿＿＿＿＿＿

委托人：我来贵所来是想聘请律师担任我的亲属＿＿＿＿＿＿（与本人是＿＿＿＿关系）涉嫌＿＿＿＿＿＿案件（侦查/审查起诉/一审/二审）阶段的辩护律师。我的亲属＿＿＿年＿＿＿月＿＿＿日被＿＿＿＿＿＿公安局采取强制措施，现在被押在＿＿＿＿＿＿，涉嫌罪名是＿＿＿＿＿＿，办案人是＿＿＿＿＿＿，办公室电话号是＿＿＿＿，经多次和您沟通，我决定委托＿＿＿＿＿＿律师作为我的亲属＿＿＿＿＿＿（侦查/审查起诉/一审/二审）阶段的辩护人。

律师：已了解您对案情的介绍。律师会根据您给出的案件信息，根据现行法律预判，给出代理意见，但最终结果仍需要以法院的判决结果为准。即便律师接受您的委托，鉴于影响刑事案件进程及裁判结果的因素很多，可能存在多种诉讼风险。比如，会见可能受阻（不予安排）、定罪标准调整、量刑从重、诉讼周期长、取保候审不予批准、数罪并罚可能导致不予适用缓刑，等等。律师承办案件会尽职尽责，依法最大限度地维护当事人的合法权益。根据按照司法部的有关规定以及中华全国律师协会的行业规范，我们律所办案，不承诺案件办理结果。最终是否聘请我们作为辩护律师，还需要您充分考虑。建议您在考虑成熟后再做决定。

委托人：我考虑清楚了，也和家人研究了。我们决定要聘请您担任我的亲属＿＿＿＿＿的（侦查/审查起诉/一审/二审/申诉）阶段的辩护律师。

律师：我可以接受委托。顺便确认一下，您本人是否参与您的亲属涉嫌的案件？

委托人：没有，我的亲属涉嫌案件的事情，我们没有参与。

律师：接受委托需要签订《委托代理协议》。关于律师费的收取，按照律师事

务所的收费管理办法,案件的疑难程度、时间成本、律师知名度等因素,我们提议本案律师收取律师代理费为____元人民币,您是否同意?

委托人:可以,我们同意。想问一下,可否风险代理?签一份风险代理合同,就是约定好判处无罪、判处缓刑,我们分别支付多少钱。

律师:刑事案件不能风险代理,对此,司法部有明确的规定。建议正常协议代理。在我们自愿充分协商后,律师代理费确定为____元人民币。另外,按照本律师事务所一体化管理规定,《委托代理协议》涉及的当事人信息需要通过律所总部进行利冲检索,如无利害关系,我们可以正式签订《委托代理协议》。您需要按照合同约定在____天之内将律师费____元人民币支付事务所指定账户。律师事务所会按照合同约定开具正规税务发票;由于案件办理中会产生支出,需要您提前预缴____元人民币,由承办律师在案件办结后,按照实际发生的凭据进行结算,多退少补。《委托代理协议》及后附《风险告知书》的条款需要您认真阅读,签字有效。

需要强调:《委托代理协议》已经注明,如协议签订后,律师已经与办案单位衔接,实际开展工作,非因承办律师原因,委托人单方解除协议,则协议合同的律师义务即视为履行完毕,收取的律师费用不退还(如案件在侦查阶段撤销或在审查起诉阶段被决定不予起诉,律师义务即视为履行完毕,收取的律师费用不予退还)。

委托人:我们同意。

律师:可以。我们会依据事实和法律办理此案。委托方在办案过程中,要全力配合律师办案,要充分信任律师,相互理解。鉴于您亲属的家人很多,需要确定一到两位固定的联系人,对于案件承办进展等情况,我们会向您确定的联系人反馈,就不再向其他众多亲属逐一反馈,你们亲属之间可以共享信息。

委托人:好的。我们家人研究,就由我作为委托人并集中代表全体亲属,以后有事和我反馈就可以了,由我再告知我的家人。

律师:您是否有对您亲属有利的证据材料或线索?证据包括书证、物证、视听资料、电子数据以及证人等。如果有,可以向律师提供,律师只收取证据复印件,不收取原件。书证,请提供复印件;物证,建议拍成照片;视听资料、电子数据的,可以复制光盘;涉及证人的,可以提供该证人姓名、身份证复印件、住址、通信方式以及证实内容。关于证据原件,将视案情具体进展情况,决定提交承办单位或开庭前提交法院。

委托人：知道了，我们按照律师的建议办。

律师：以上笔录，您看看；如无记错或遗漏的，请签字。

委托人：好的。

委托人签字：_____
____年____月____日

【说明】

本范例使用的文书样式根据《律师办理刑事案件规范》的相关规定进行制作，供律师使用。

法律依据

1.《律师法》第28、31、33~38条

2.《律师办理刑事案件规范》第8~11条

二、刑事辩护授权委托书

（委托人授权用）

文书简介

刑事辩护授权委托书，是为了维护犯罪嫌疑人、被告人合法权益，由刑事犯罪嫌疑人、被告人或其法定代理人、近亲属依法签署并赋予其委托参加刑事诉讼的律师作为其辩护人，行使法律规定的诉讼权利的诉讼文书。

实务要点

授权委托书是刑辩律师介入案件的权利来源。所以该文书的重点内容是写明委托人、被委托人及案件罪名及为谁进行辩护,并注明委托期限。自然人为委托人的,应当由其本人签名、捺指纹;如是单位犯罪,需加盖单位主体公章并由法定代表人或授权的负责人签字。律师代理刑事案件,可分阶段签署授权委托书,也可全流程签署授权委托书。

实务中,需注意的是:

(1)刑事辩护的委托人是满足《刑事诉讼法》规定的犯罪嫌疑人、被告人本人或其监护人、近亲属。

非本人或其法定监护人、近亲属的主体无权委托。签署委托合同及授权委托书时,一定要核实委托人和犯罪嫌疑人、被告人的法律关系及身份证信息,并对核对后的结婚证、户口簿、身份证复印件等进行留存。

格外要注意的是,如无上述法律关系的证明材料,可以让委托人提供司法机关向其送达的相关法律文书,如告知家属的刑事拘留通知书、逮捕通知书等,复印留存,避免在办理会见或与办案单位衔接时,因办案单位对委托人和当事人是否有法律关系质疑而影响办案。

(2)涉案同案犯不适合为同案被讯问或羁押的犯罪嫌疑人、被告人授权聘请律师。

(3)此文书在签约时一并签署。此文书除递交办案机关外,在每次会见时,都需要再次递交。为了避免反复找委托人签字,所以建议多签几份备用。

文书范例

刑事辩护授权委托书

【____】第____号

委托人_____根据法律的规定,特聘请_____律师事务所律师_____为_____案_____的辩护人。

本委托书有效期自_____止。

委托人：_____
____年____月____日

（注：本委托书一式三份，由委托人、律师事务所各持一份，交公安机关、人民检察院或人民法院一份。）

【说明】
该文书依据中华全国律师协会制定的《律师办理刑事案件规范》第9条第1款第2项"委托人签署委托书"的规定制作。

法律依据

一、直接依据

《律师办理刑事案件规范》

第九条 律师接受委托，应当由律师事务所办理以下手续：

（一）律师事务所与委托人签署《委托协议》；

（二）委托人签署委托书；

（三）律师事务所开具办案所需的相关诉讼文书。

上述手续，律师事务所应当留存原件或存根备查。

二、其他依据

1.《刑事诉讼法》第30、33条

2.《最高人民法院关于适用〈中华人民共和国刑事诉讼法〉的解释》第40、42~45、52条

3.《人民检察院刑事诉讼规则》第38、40、41条

4.《公安机关办理刑事案件程序规定》第44、48条

5.《最高人民法院、最高人民检察院、公安部、国家安全部、司法部关于依法保障律师执业权利的规定》第5条

6.《律师办理刑事案件规范》第11条

三、刑事委托合同

（与委托人签约用）

文书简介

刑事委托合同，是按照《民法典》委托合同的相关规定，为了维护犯罪嫌疑人、被告人的合法权益，由刑事犯罪嫌疑人、被告人本人或其法定代理人、近亲属与律师事务所签订，并由律师事务所指派专业刑辩律师为其提供专项刑事法律服务，委托人按照约定支付律师代理费的协议。

实务要点

刑事委托合同实为民事合同的一种，应符合《民法典》第 470 条"合同的内容由当事人约定，一般包括下列条款：（一）当事人的姓名或者名称和住所；（二）标的；（三）数量；（四）质量；（五）价款或者报酬；（六）履行期限、地点和方式；（七）违约责任；（八）解决争议的方法。当事人可以参照各类合同的示范文本订立合同"的规定。但是鉴于刑事诉讼法律服务不同于其他一般民事事务的委托，刑事委托合同有其特殊性。

为了顺畅履约，在签订刑事委托合同时，有以下几点尤为重要：

（1）签约主体合法。

即委托人一定是刑事犯罪嫌疑人、被告人本人或其法定代理人、近亲属；其他人不具有签约资格。当事人的室友、工友等虽可以代为支付律师代理费，但却无权签约。同时，对符合签约资格的主体，也要注意审查其是否有民事行为能力，避免因其为限制行为能力人或无民事行为能力人导致刑事委托合同效力受影响的情况。

实践中出现过精神病人代为家属签订刑事委托合同,导致履约中产生投诉的案例。

(2)代理事项合法。

代理过程中应避免受司法腐败及人情社会影响。委托人聘请律师或许会提出"司法勾兑"等要求,对此律师应明确依法代理,不提供"找关系"服务。更不能以向司法人员、仲裁员疏通关系为由收取所谓的"办案费""顾问费"。

(3)代理权限、起止时间要明确。

可以分阶段或审级签订刑事委托合同,明确代理权限及起止时间。需要注意的是,不建议签订包括一审、二审及再审的全流程委托合同。如律师在侦查阶段介入,签订了全流程委托合同,在审查起诉阶段,经辩护,检察机关作出不起诉决定,而律师代理费是按全流程收取的,合同又未明确此情形视为代理结束,故代理费不予退还,则有可能和委托人产生争议。

(4)收费要明确且需合法合规。

按照《司法部、国家发展和改革委员会、国家市场监督管理总局关于进一步规范律师服务收费的意见》的规定,收费要明码标价、律所统一收取、不能变相乱收费、不能价格欺诈。特别强调,严谨风险收费代理,绝不可签订以无罪、减轻刑期、死缓等作为条件的风险付费内容。

(5)争议解决条款,建议不选择法院诉讼。

俗话说,"鸟惜羽毛虎惜皮,为人处世惜脸皮"。因为履约争议被投诉,不管是不是律师的缘故,都不是风光的事。所以不建议对刑事委托合同履约争议的管辖不加约定,或约定在法院诉讼解决。建议约定在当地的仲裁委员会解决争议。仲裁有不公开审理的特点,更有利于问题的处理。

文书范例

刑事委托合同

(_____)___第(_____)号

甲方:_____　　　　　　乙方:_____律师事务所

甲、乙双方经协商,达成如下条款:

一、甲方聘请乙方并由乙方指派的_____律师为_____涉嫌_____罪提供法律帮助,参与刑事诉讼活动。

二、甲方必须真实地向律师叙述案情,提供有关本案证据(书证必须提交复印件)。乙方接受委托后,发现甲方如有捏造事实,弄虚作假,有权终止代理,依约所收费用不予退还。

三、乙方指派律师依法为甲方开始工作后,甲方单方解除本合同,则本合同约定律师义务视为履行完毕,收取的律师费用不予退还。如在侦查起诉阶段撤销案件、审查起诉阶段不予起诉,律师义务视为履行完毕,收取律师费用不予退还;但乙方无故终止合同的除外。

四、甲方因工作需要有权变更律师,继续参与刑事诉讼活动,依法不得因此要求退费。

五、律师的代理职责:

1. 代写本案的法律文书;

2. 经办案机关批准会见犯罪嫌疑人、被告人;

3. 根据案件需要和委托人申请,依法进行必要调查;

4. 阅卷并准备出庭材料;

5. 依办案机关的通知出庭参加诉讼,并提交辩护意见。

六、根据甲、乙双方协商,依法向甲方交纳以下费用:

1. 委托费:代理委托时的涉嫌代理罪名收费为_____元人民币。律师介入后,每增加一个罪名,增加代理费_____元人民币。律师视案件自行决定会见次数,原则每一诉讼阶段会见次数为_____次。除律师自主增加会见次数外,如委托人额外要求增加会见次数,每增加一次会见,委托人需支付_____元人民币会见费,并于会见前交纳。

2. 暂收交通费、卷宗复印费_____元,结案时多退少补。

七、本合同有效期限,应自签订之日起至本审(指□一审;□二审;□再审)终止(终止包括撤销案件、不予起诉及判决、裁定)。

八、履行本合同出现争议的,协商解决,如不能协商解决的,可申请至__仲裁委员会裁决处理。

九、特别说明:鉴于案件复杂,乙方律师会尽力办案,但不承诺案件结果。

十、本合同一式两份,双方各执一份,签字盖章有效。

甲方:_____(签字或盖章)　　乙方:_____律师事务所(盖章)

____年____月____日

【说明】

本文书范例根据《民法典》有关委托合同的相关规定制作。

目前各律师事务所的合同文本各不相同，但大同小异。各律师事务所可根据律所自身的特点，在权利义务对等的原则下，制定适合本所的合同文本。

法律依据

1.《律师法》第 30 条
2.《民法典》第 919～936 条
3.《律师办理刑事案件规范》第 9 条

四、律师事务所函

（告知办案单位用）

文书简介

律师事务所函，不是律师函，而是特指律师事务所接受委托后，指派专业律师介入案件，告知办案单位的专项法律文书。是律师办案所需的一份必备书面凭证。

实务要点

鉴于该文书设计时，一般是填写性诉讼文书，所以填写办案单位和涉嫌罪名时，要注意规范书写。

实务中，如果暂时不清楚办案单位具体名称或涉嫌的具体罪名，可在提交前搞清楚，然后直接签写，不建议事前打印好或写好。一旦写得不准确，再涂改，显得不够严谨。

另外,对于涉嫌的罪名,建议规范书写罪名全称,不要简写罪名。如填写"贩毒"的写法不规范,应填写"贩卖毒品罪",又如填写"非吸"的写法不规范,应填写"非法吸收公众存款罪"。

文书范例

律师事务所函

_____:
　　本所接受委托,指派律师_____,担任贵局/贵院办理的_____案件犯罪嫌疑人/被告人_____的辩护人。
　　特此函告。

_____律师事务所(章)
____年____月____日

附:_____
地址:_____　　　电话:_____
传真:_____　　　邮编:_____

【说明】
本文书根据《刑事诉讼法》第34条第4款的规定制作。

法律依据

一、直接依据
《**刑事诉讼法**》
　　第三十四条第四款　辩护人接受犯罪嫌疑人、被告人委托后,应当及时告知办理案件的机关。
　　二、其他依据
　　1.《人民检察院刑事诉讼规则》第45条
　　2.《公安机关办理刑事案件程序规定》第48条

3.《律师办理刑事案件规范》第 9、11 条

五、要求听取律师意见的函

（要求侦查机关、检察机关、法院听取律师意见用）

文书简介

要求听取律师意见的函，是指在审查批捕期间、侦查终结前、审查起诉期间、死刑复核期间，辩护人、被害人的诉讼代理人向办案机关提交，要求办案机关听取律师意见的专项法律文书。

实务要点

（一）要有留痕意识，书面形式胜过口头要求

实务中，辩护律师提出面见办案人员，当面阐述律师意见，常被办案人员以"没有时间，你提交一个书面材料吧"予以拒绝。为了能够留痕，又能起到沟通见面的效果，建议提交或邮寄《要求听取律师意见的函》。

（二）提交《要求听取律师意见的函》的情形

办案机关应当听取辩护律师的意见的情形有如下五种：

一是在案件的侦查、审查批捕阶段。细分两种情况：一种是侦查机关在案件侦查终结前，如果辩护律师提出了要求，侦查机关就应当听取辩护律师的意见；另一种是人民检察院在审查批捕中，当辩护律师提出要求，检察院应当听取律师意见。对未成年人适用逮捕措施的，检察机关应当主动听取律师意见。

二是案件在审查起诉中。

三是犯罪嫌疑人、被告人是未成年人。

四是二审法院决定不开庭。二审法院决定不开庭的,应当听取其他当事人、辩护人、诉讼代理人的意见。实践中,法官或法官助理往往电话通知让辩护律师提交书面辩护词,而不当面见律师。这种情况下,建议先邮寄《要求听取律师意见的函》,在当面交流陈述书面意见后,再提交书面的辩护词。关于不当面听取律师意见的,律师是否直接提交书面辩护词值得磋商。

五是最高人民法院复核死刑的案件。《刑事诉讼法》第251条规定,最高人民法院复核死刑案件,应当讯问被告人,辩护律师提出要求的,应当听取辩护律师的意见。

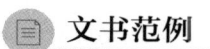

文书范例

要求听取律师意见的函

公安局/人民检察院/人民法院:

贵单位办理的犯罪嫌疑人(被告人)_____涉嫌_____一案中,本人作为(犯罪嫌疑人、被告人或被害人)_____的_____(辩护律师或诉讼代理人),根据《中华人民共和国刑事诉讼法》的相关规定,向贵单位提出,要求办案人员听取律师意见,请予以安排。

  单位名称:_____

  律师姓名:_____

  执业证号:_____

  联系方式:_____

律师(签名):_____

____年____月____日

【说明】

本函用于辩护人、诉讼代理人在审查批捕期间、侦查终结前、审查起诉期间、死刑复核期间,向办案机关提交。

法律依据

1.《刑事诉讼法》第 88 条第 2 款,第 173 条第 1 款,第 161、234、251、280 条
2.《人民检察院刑事诉讼规则》第 261 条
3.《最高人民法院关于办理死刑复核案件听取辩护律师意见的办法》
4.《公安机关办理刑事案件程序规定》第 289 条

附:

1. 最高人民法院相关审判庭联系电话

立案庭:010 - 67555787

刑事审判第一庭:010 - 67555108

刑事审判第二庭:010 - 67555209

刑事审判第三庭:010 - 67107864

刑事审判第四庭:010 - 67555409

刑事审判第五庭:010 - 67555509

审判监督庭:010 - 67555793

2. 最高人民法院相关审判庭通信地址

北京市东城区北花市大街 9 号　邮政编码:100062

第二章

《刑事诉讼法》总则相关程序性文书

一、管辖权异议申请书

（提出管辖权异议用）

文书简介

笔者认为，管辖权异议申请书是指刑事诉讼中的犯罪嫌疑人、被告人、被害人、自诉人及其委托的辩护人或代理人认为刑事司法机关违背法律管辖的规定，向该机关提出要求其将案件移送给有管辖权或者更适合管辖的司法机关管辖的书面主张。

实务要点

（一）要高度重视管辖异议的重要性

依据我国现行《刑事诉讼法》的相关规定和诉讼理论，一般刑事案件管辖划分为立案管辖和审判管辖；审判管辖又分为普通管辖和专门管辖；普通管辖又进一步划分为级别管辖、地域管辖。在地域管辖中又可分优先管辖、移送管辖和指定管辖及特殊情况下的管辖。

按照职权法定、分工负责的原则，各有权受理刑事案件的机关，理应各司其职，不越雷池。但是司法实务中，由于各种复杂的原因，存在违反立案管辖、地域管辖、级别管辖、专门管辖、优先管辖以及上级法院滥用指定管辖的现象。而这些违反法律的情况将直接或间接侵害当事人的合法权益。于是管辖异议就成为程序辩护的一项重要工作。

以诈骗案件为例，可能的管辖权错误情况，如侦查机关违反《刑事诉讼法》第115条及《公安机关办理刑事案件程序规定》第175条"认为有犯罪事实需要追究刑事责任,且属于自己管辖"立案管辖的规定,对本不享有立案管辖权的不是犯罪地,也不是被告人居住地的案件,违法行使立案侦查权。侦查终结后移送检察机关向同级人民法院提起公诉。又如案涉诈骗数额特别巨大或者有其他特别严重情节的案件,基层人民法院违反级别管辖予以受理。再如本院院长为案件当事人或者与案件存在利害关系的或案件被告人为本院法官的,本院毫不避嫌予以审理。

按照《刑事诉讼法》第 37 条的规定,辩护人的职责不仅根据事实和法律,提出犯罪嫌疑人、被告人无罪、罪行减轻、免除其刑事责任和意见,还有维护其诉讼权利和其他合法权益的职责。对无权管辖和越权管辖提出异议,对于当事人来说,是他的基本诉讼权利。针对这种情形,被告人及其辩护人可以根据关于管辖的法律规定,向办案机关提出管辖异议的申请,提出应移交异地侦查机关或异地法院管辖,这就是《管辖权异议申请书》的价值和功能。

事实证明,明显存在管辖权或者严重违反管辖规定的案件,通过辩护律师提出管辖权异议,一般会对案件起到积极的效果。但是对于存在一般违反管辖权情况的案件,辩护律师提出管辖权异议,相关司法机关有时也不予理会,可能以"内部问题"答复律师。当然即使在这种情况下,辩护律师实际上也为当事人争取了量刑从轻的辩护空间。

(二)提出管辖权异议的法律依据

尽管我们在立法层面尚未决定管辖权异议制度,但是 2018 年修正的《刑事诉讼法》确立了庭前会议制度。在庭前会议上,法律规定控辩双方可以向法院提出程序争议问题,被告人及其辩护人可以就管辖、回避、非法证据排除、证人出庭等问题提出异议或者诉讼请求,法院在听取双方意见和了解情况的前提下,可以就这些程序争议作出决定,相当于程序上的前移。如侦查阶段公安机关、检察机关对自侦案件,违反管辖受理立案开展侦查活动的,便可依法提出管辖权异议。

(三)《管辖权异议申请书》的提交时间

《管辖权异议申请书》的提交时间,在《民事诉讼法》中规定是接到起诉状之日起 15 日内提出管辖权异议。

《刑事诉讼法》未规定关于提出管辖权异议的期限,所以建议接受委托后,及时判断目前办案机关是否有司法管辖权,并及时决定是否提交《管辖权异议申请书》。

具体而言,在审前阶段,如果律师在侦查阶段介入,则向侦查机关提出管辖权异议申请;如果在侦查阶段未达到辩护效果,案件移送检察机关审查起诉,则可继续对侦查机关的管辖权提出异议,要求检察院予以纠正。在审判阶段,对于符合召开庭前会议条件的案件,则申请召开庭前会议,在庭前会议上提出管辖权异议;对于不召开庭前会议的案件,辩护律师要提出管辖权异议,可在此阶段接受委托后,及时提出管辖权异议。法院若决定开庭审理,应当将起诉书副本最迟在开庭前10日送达被告人及其辩护人,所以辩护律师提出管辖权异议,至少有10天的准备时间。

文书范例

管辖权异议申请书

(_____涉嫌_____罪一案)

申请人:_____(注:写明姓名,工作单位和职业)

联系方式:_____

被申请机关:_____公安局/人民检察院/人民法院

申请事项:申请对犯罪嫌疑人/被告人_____由_____管辖,特提出异议。

事实和理由:

____因涉嫌____罪于____年__月__日被刑事拘留,____年__月__日被逮捕,现羁押于_____看守所。申请人作为_____的辩护人,依法进行了会见、与办案单位沟通等辩护工作,现根据本案事实、法律、司法解释,认为_____公安局/人民检察院/人民法院办理的_____罪一案没有管辖权。

相关事实:

_____。

相关理由:

_____。

综上所述,辩护人认为_____公安局/人民检察院/人民法院办理_____涉嫌_____罪一案没有管辖权。

此致

公安局/人民检察院/人民法院

异议申请人:_____(签名或盖章)
____年____月____日

【说明】

1. 本样式是根据《刑事诉讼法》第 19 条、第 109 条、第 112 条及《最高人民法院关于适用〈中华人民共和国刑事诉讼法〉的解释》第 218 条、第 228 条等条文,从立案侦查、审查起诉、审判不同阶段的规定为依据制作的,供律师使用。

2.《管辖权异议申请书》应根据具体案件事实及管辖机关的不同,对应引用其违反管辖的具体法律、司法解释及部门规章等规定。

法律依据

一、直接依据

1.《刑事诉讼法》

第十九条第一款　刑事案件的侦查由公安机关进行,法律另有规定的除外。

(编者说明:第二、三款略,在后文中单独体现)

[职务犯罪案件现由监察委承办,法律依据是《监察法》第三条:"各级监察委员会是行使国家监察职能的专责机关,依照本法对所有行使公权力的公职人员(以下称公职人员)进行监察,调查职务违法和职务犯罪,开展廉政建设和反腐败工作,维护宪法和法律的尊严。"]

第一百零九条　公安机关或者人民检察院发现犯罪事实或者犯罪嫌疑人,应当按照管辖范围,立案侦查。

第一百一十二条　人民法院、人民检察院或者公安机关对于报案、控告、举报和自首的材料,应当按照管辖范围,迅速进行审查,认为有犯罪事实需要追究刑事责任的时候,应当立案……

2.《最高人民法院关于适用〈中华人民共和国刑事诉讼法〉的解释》

第二百一十八条　对提起公诉的案件,人民法院应当在收到起诉书(一式八份,每增加一名被告人,增加起诉书五份)和案卷、证据后,审查以下内容:

(一)是否属于本院管辖;

(二)起诉书是否写明被告人的身份,是否受过或者正在接受刑事处罚、行政处罚、处分,被采取留置措施的情况,被采取强制措施的时间、种类、羁押地点,犯罪的时间、地点、手段、后果以及其他可能影响定罪量刑的情节;有多起犯罪事实的,是否在起诉书中将事实分别列明;

（三）是否移送证明指控犯罪事实及影响量刑的证据材料，包括采取技术调查、侦查措施的法律文书和所收集的证据材料；

（四）是否查封、扣押、冻结被告人的违法所得或者其他涉案财物，查封、扣押、冻结是否逾期；是否随案移送涉案财物、附涉案财物清单；是否列明涉案财物权属情况；是否就涉案财物处理提供相关证据材料；

（五）是否列明被害人的姓名、住址、联系方式；是否附有证人、鉴定人名单；是否申请法庭通知证人、鉴定人、有专门知识的人出庭，并列明有关人员的姓名、性别、年龄、职业、住址、联系方式；是否附有需要保护的证人、鉴定人、被害人名单；

（六）当事人已委托辩护人、诉讼代理人或者已接受法律援助的，是否列明辩护人、诉讼代理人的姓名、住址、联系方式；

（七）是否提起附带民事诉讼；提起附带民事诉讼的，是否列明附带民事诉讼当事人的姓名、住址、联系方式等，是否附有相关证据材料；

（八）监察调查、侦查、审查起诉程序的各种法律手续和诉讼文书是否齐全；

（九）被告人认罪认罚的，是否提出量刑建议、移送认罪认罚具结书等材料；

（十）有无刑事诉讼法第十六条第二项至第六项规定的不追究刑事责任的情形。

第二百二十八条 庭前会议可以就下列事项向控辩双方了解情况，听取意见：

（一）是否对案件管辖有异议；

（二）是否申请有关人员回避；

（三）是否申请不公开审理；

（四）是否申请排除非法证据；

（五）是否提供新的证据材料；

（六）是否申请重新鉴定或者勘验；

（七）是否申请收集、调取证明被告人无罪或者罪轻的证据材料；

（八）是否申请证人、鉴定人、有专门知识的人、调查人员、侦查人员或者其他人员出庭，是否对出庭人员名单有异议；

（九）是否对涉案财物的权属情况和人民检察院的处理建议有异议；

（十）与审判相关的其他问题。

庭前会议中，人民法院可以开展附带民事调解。

对第一款规定中可能导致庭审中断的程序性事项，人民法院可以在庭前会议后依法作出处理，并在庭审中说明处理决定和理由。控辩双方没有新的理由，在庭审中再次提出有关申请或者异议的,法庭可以在说明庭前会议情况和处理决定理由后,依法予以驳回。

庭前会议情况应当制作笔录,由参会人员核对后签名。

二、其他依据

(一)有关公安侦查环节在立案管辖的相关规定

1. 公安侦查环节在立案管辖的一般规定

(1)《公安机关办理刑事案件程序规定》第 14 条

(2)《公安部关于办理利用经济合同诈骗案件有关问题的通知》"三、关于案件的管辖"

2. 有关公安机关侦查环节级别管辖的相关规定

(1)《公安机关办理刑事案件程序规定》第 24 条

(2)《公安机关执法细则(第三版)》第 14-03 条

(3)《最高人民法院、最高人民检察院、公安部、中国证监会关于办理证券期货违法犯罪案件工作若干问题的意见》

3. 有关公安机关侦查环节地域管辖的相关规定

(1)《最高人民法院、最高人民检察院、公安部、司法部关于办理"套路贷"刑事案件若干问题的意见》"三、依法确定'套路贷'刑事案件管辖"

(2)《最高人民法院、最高人民检察院公安部、司法部、生态环境部关于办理环境污染刑事案件有关问题座谈会纪要》"12. 关于管辖的问题"

(3)《最高人民法院、最高人民检察院、公安部关于办理非法集资刑事案件若干问题的意见》"七、关于管辖的问题"

(4)《最高人民法院、最高人民检察院、公安部关于信用卡诈骗犯罪管辖有关问题的通知》

(5)《公安机关办理危害税收征管刑事案件管辖若干问题的规定》

(6)《最高人民法院、最高人民检察院、公安部关于办理侵犯知识产权刑事案件适用法律若干问题的意见》"一、关于侵犯知识产权犯罪案件的管辖问题"

(7)《最高人民检察院、公安部关于公安机关办理经济犯罪案件的若干规定》第 8、9、11 条

(8)《最高人民法院、最高人民检察院、公安部、国家安全部、司法部、全国人大常委会法工委关于实施刑事诉讼法若干问题的规定》第 2 条

(9)《最高人民法院、最高人民检察院、公安部关于办理网络犯罪案件适用刑

事诉讼法程序若干问题的意见》"一、关于网络犯罪案件的范围""二、关于网络犯罪案件的管辖"

（10）《最高人民法院、最高人民检察院、公安部关于信用卡诈骗犯罪管辖有关问题的通知》

（11）《最高人民法院、最高人民检察院、公安部关于办理网络赌博犯罪案件适用法律若干问题的意见》"四、关于网络赌博犯罪案件的管辖"

（12）《最高人民法院、最高人民检察院、公安部、司法部关于依法惩治拐卖妇女儿童犯罪的意见》"二、管辖"

（13）《最高人民法院、最高人民检察院、公安部办理毒品犯罪案件适用法律若干问题的意见》"一、关于毒品犯罪案件的管辖问题"

（14）《公安机关执法细则（第三版）》第 13－02 条

（15）《最高人民法院、最高人民检察院、海关总署关于办理走私刑事案件适用法律若干问题的意见》"一、关于走私犯罪案件的管辖问题"

（16）《最高人民法院、最高人民检察院、公安部关于办理电信网络诈骗等刑事案件适用法律若干问题的意见》"五、依法确定案件管辖"

（17）《公安机关办理刑事案件程序规定》第 15～21 条

（18）《公安部关于受害人居住地公安机关可否对诈骗犯罪案件立案侦查问题的批复》

4. 有关公安机关侦查环节优先、移送管辖的相关规定

（1）《最高人民法院、最高人民检察院、公安部、司法部关于办理"套路贷"刑事案件若干问题的意见》"三、依法确定'套路贷'刑事案件管辖"

（2）《最高人民法院、最高人民检察院、公安部关于办理电信网络诈骗等刑事案件适用法律若干问题的意见》"五、依法确定案件管辖"

（3）《最高人民法院、最高人民检察院、公安部关于办理网络犯罪案件适用刑事诉讼程序若干问题的意见》"二、关于网络犯罪案件的管辖"

（4）《最高人民检察院、公安部关于公安机关办理经济犯罪案件的若干规定》第 11 条

（5）《最高人民法院、最高人民检察院、公安部关于办理非法集资刑事案件若干问题的意见》"七、关于管辖问题"

（6）《公安机关办理刑事案件程序规定》第 21 条

5. 有关公安机关侦查环节指定管辖的相关规定

（1）《最高人民法院、最高人民检察院、公安部关于办理非法集资刑事案件若干问题的意见》"七、关于管辖问题"

（2）《最高人民法院、最高人民检察院、公安部、司法部关于办理黑社会性质组织犯罪案件若干问题的规定》第1、2条

（3）《最高人民法院、最高人民检察院、公安部关于办理网络犯罪案件适用刑事诉讼程序若干问题的意见》第5～9条

（4）《最高人民法院、最高人民检察院、公安部关于办理电信网络诈骗等刑事案件适用法律若干问题的意见》"五、依法确定案件管辖"

（5）《公安机关办理刑事案件程序规定》第22、23、56条

（6）《最高人民检察院、公安部关于公安机关办理经济犯罪案件的若干规定》第11、13条

（7）《公安机关侦办电信诈骗案件工作机制（试行）》第3条、第4条、第5条

（8）《公安机关执法细则（第三版）》第13-05条

6. 有关公安机关侦查环节专门管辖及协商、移送的相关规定

（1）《刑事诉讼法》第44条

（2）《公安机关办理刑事案件程序规定》第26～31、56条

（3）《公安部刑事案件管辖分工规定》"八、铁路公安局管辖案件范围"

（4）《公安机关执法细则（第三版）》第13-04条、第13-05条

（5）《最高人民法院、最高人民检察院、公安部、国家安全部、司法部、全国人大常委会法制工作委员会关于刑事诉讼法实施中若干问题的规定》第9条

7. 有关公安机关侦查环节并案管辖的规定

（1）《最高人民法院、最高人民检察院、公安部、司法部关于办理"套路贷"刑事案件若干问题的意见》"三、依法确定'套路贷'刑事案件管辖"

（2）《最高人民法院、最高人民检察院、公安部关于办理电信网络诈骗等刑事案件适用法律若干问题的意见》"五、依法确定案件管辖"

（3）《最高人民法院、最高人民检察院、公安部关于办理网络犯罪案件适用刑事诉讼法程序若干问题的意见》"二、关于网络犯罪案件的管辖"

（4）《公安机关办理刑事案件程序规定》第21条第2款

（二）公安机关与其他部门互涉案件的管辖

1. 公安机关、人民检察院、人民法院等机关和监察机关互涉案件的管辖

(1)《监察法》第 34 条

(2)《人民检察院刑事诉讼规则》第 17 条

(3)《公安机关办理刑事案件程序规定》第 29 条

2. 公安机关与人民法院互涉案件的管辖

《最高人民法院关于适用〈中华人民共和国刑事诉讼法〉的解释》第 1 条

3. 公安机关与人民检察院互涉案件的管辖

(1)《人民检察院刑事诉讼规则》第 18 条

(2)《公安机关办理刑事案件程序规定》第 30 条

(3)《公安机关执法细则(第三版)》第 13 – 06 条

4. 公安机关与军队互涉案件的管辖

(1)《办理军队和地方互涉刑事案件规定》第 2 ~ 12、19 ~ 22 条

(2)《公安机关执法细则(第三版)》第 13 – 06 条

5. 公安机关与监狱互涉案件的管辖

《最高人民法院、最高人民检察院、公安部、司法部关于监狱办理刑事案件有关问题的规定》

(三)关于检察机关立案侦查、审查起诉管辖的规定

1.《刑事诉讼法》第 19 条第 2 款、第 172 条第 2 款

2.《人民检察院刑事诉讼规则》第 13 ~ 23、166、167、328、329 条

3.《最高人民检察院关于人民检察院立案侦查司法工作人员职务犯罪案件若干问题的规定》"一、案件管辖范围""二、级别管辖和侦查部门""三、案件线索的移送和互涉案件的处理"

4.《最高人民法院、最高人民检察院、公安部、国家安全部、司法部、全国人大常委会法工委关于实施刑事诉讼法若干问题的规定》第 1 条

5.《公安机关办理刑事案件程序规定》第 14、30、31 条

(四)关于审判环节管辖及对管辖权的审查规定

1.《刑事诉讼法》第 20 ~ 28 条

2.《最高人民法院关于适用〈中华人民共和国刑事诉讼法〉的解释》第 1 ~ 13、218、219、228 条

3.《人民法院办理刑事案件庭前会议规程(试行)》第 10、11 条

4.《最高人民法院关于建立健全防范刑事冤假错案工作机制的意见》第 19 条

5.《最高人民法院、最高人民检察院关于办理非法从事资金支付结算业务、非

法买卖外汇刑事案件适用法律若干问题的解释》第 10 条

6.《最高人民法院、最高人民检察院、公安部、中国证监会关于办理证券期货违法犯罪案件工作若干问题的意见》第 10 条

7.《最高人民法院、最高人民检察院关于办理虚假诉讼刑事案件适用法律若干问题的解释》第 10 条

8.《最高人民法院关于审理拒不执行判决、裁定刑事案件适用法律若干问题的解释》第 5 条

9.《律师办理刑事案件规范》第 67 条

二、回避申请书

（申请回避用）

文书简介

回避申请书，是指犯罪嫌疑人、被告人及其法定监护人以及辩护人、诉讼代理人对具有法定回避事由的司法人员，依法申请司法机关责令其退出侦查、检察或审判活动的书面主张。

实务要点

（一）法定回避人员

包括六类人员：侦查人员、检察人员、审判人员以及在侦查、起诉、审判活动中的书记员、鉴定人员和翻译人员。

需要注意的是：回避的适用范围不仅仅指具体的承办案件的人员；一切对案件的处理有决定权的人员都可能存在需回避的问题。

审判人员,包括人民法院院长、副院长、审判委员会委员、庭长、副庭长、审判员、法官助理和人民陪审员。

(二)法定回避理由

1. 是本案的当事人或者当事人的近亲属的。

2. 本人或者他的近亲属和本案有利害关系的。

3. 担任过本案的证人、鉴定人、辩护人、诉讼代理人的。

4. 与本案的辩护人、诉讼代理人有近亲属关系的。

5. 与本案当事人有其他关系,可能影响公正处理案件的。

6. 审判人员、检察人员、侦查人员等接受当事人及其委托的人的请客送礼,或违反规定会见当事人及其委托的人的。

7. 参加过本案侦查、起诉的侦查、检察人员不能再担任本案的审判人员,或者参加过本案侦查的侦查人员,不能再担任本案的检察人员。

8. 在一个审判程序中参与过本案审判工作的合议庭成员,不能再参与本案其他程序。例外情形如下:发回重新审判的案件,在第一审人民法院作出裁判后又进入第二审程序或者死刑复核程序的,原第二审程序或者死刑复核程序中的合议庭组成人员,无须因之前曾参与本案的审理程序而回避。

(三)如何申请侦查机关回避

我国刑事回避制度的回避对象主要是承办案件的个人。在侦查环节即使涉及公安机关负责人的回避,也只是实行一种个别回避制度。比如,个别案件中,作为黑恶势力"保护伞"的公安机关主要负责人参与侦办的案件,即使申请侦查人员或公安机关负责人已依法回避,仍难以保证其他侦查人员不受到已回避者的潜在影响。

鉴于我国尚未确立公安机关整体回避制度,如何实现保障侦查活动的公正性的问题不可回避。针对此类情况,笔者认为其实质问题是提高管辖级别或者异地管辖的问题。就法律依据而言,可以借鉴《公安机关办理刑事案件程序规定》第22条、第23条的规定及《最高人民法院关于适用〈中华人民共和国刑事诉讼法〉的解释》第18条"有管辖权的人民法院因案件涉及本院院长需要回避等原因,不宜行使管辖权的,可以请求移送上一级人民法院管辖"的规定,向侦查机关的上一级提出原侦查机关不适合继续侦查,而由上级侦查机关指定其他异地同级侦查机关侦办。这也是目前司法实践已经普遍接受的通行做法。

(四)如何申请法院合议庭回避

轰动一时的吉林法官王某忠案件,被告人本人及辩护人当庭以被告人系辽源市中级人民法院法官为由,提出辽源市中级人民法院合议庭法官应回避的问题,最终案件适用上级法院可指定下级法院移送其他法院审判处理,达到了申请回避的效果。笔者认为,除法定应当回避情形外,吉林法官王某忠案申请回避成功关键的事由是原合议庭不适合审理当事人。如遇类案时,此案可以借鉴。吉林省高级人民法院决定将王某忠、张某庆涉嫌民事枉法裁判案指定通化市中级人民法院审理:2018年11月8日,辽源市中级人民法院公开开庭审理王某忠涉嫌民事枉法裁判抗诉、上诉案。王某忠及辩护人当庭以王某忠系辽源市中级人民法院法官为由,提出辽源中院合议庭法官应回避,法庭遂宣布休庭。2018年11月12日辽源市中级人民法院书面报请吉林省高级人民法院,请求将王某忠、张某庆涉嫌民事枉法裁判案指定其他法院审理。2018年11月22日,吉林省高级人民法院作出决定,将王某忠、张某庆涉嫌民事枉法裁判案指定通化市中级人民法院依照刑事第二审程序审判。《刑事诉讼法》第27条规定,上级法院可以指定下级法院将案件移送其他人民法院审判。《最高人民法院关于适用〈中华人民共和国刑事诉讼法〉的解释》第18条规定,上级人民法院在必要时,可以指定下级人民法院将其管辖的案件移送其他下级人民法院审判。程序公正是实体公正的保障。辽源市中级人民法院在二审期间提出指定其他法院审理王某忠、张某庆案,符合公正审理案件的要求,为此,吉林省高级人民法院决定将王某忠、张某庆涉嫌民事枉法裁判案指定通化市中级人民法院依照刑事第二审程序审判。

(五)何时提出回避申请

辩护人提出回避要求的权利贯穿了刑事诉讼过程的始终。

可以在刑事诉讼程序开始后的任何诉讼阶段提出回避申请,包括侦查、审查起诉和审判程序;可以在一审程序、二审程序、审判监督程序和死刑复核程序中;可以在开庭审理前,也可以在法庭审理过程中。

总之,当辩护律师知晓有关回避事由后,应当及时提出回避申请。

文书范例

回避申请书

（_____涉嫌_____罪一案）

申请人：_____（注：写明姓名，工作单位和职业及系_____犯罪嫌疑人/被告人的辩护律师。）

联系方式：_____

被申请机关：_____公安局/人民检察院/人民法院。

申请事项：申请（　　）第_____号参与案件的（诉讼地位及其姓名）回避。

事实和理由：

_____因涉嫌____罪于____年__月__日被刑事拘留，____年__月__日被逮捕，现羁押于_____看守所。申请人作为_____的辩护人，依法进行了会见、与办案单位沟通等辩护工作，现根据本案事实、法律、司法解释，认为_____公安局/人民检察院/人民法院的承办人员_____应予回避。

相关事实：_____。

相关理由：_____。

综上所述，根据《中华人民共和国刑事诉讼法》第二十九条的规定，结合本案案情，辩护人认为，为保证本案的公正审理，保障犯罪嫌疑人/被告人的诉讼权利，依法向贵局/贵院申请参与办理本案的_____予以回避。

此致

_____公安局/人民检察院/人民法院

申请人：_____（签字或盖章）

____年____月____日

【说明】

本样式是根据《刑事诉讼法》第29条，《公安机关办理刑事案件程序规定》第32条、第38~40条，《人民检察院刑事诉讼规则》第24条至第27条，《最高人民法院关于适用〈中华人民共和国刑事诉讼法〉的解释》第27条至第39条的规定制作的。

法律依据

一、直接依据

1.《刑事诉讼法》

第二十九条　审判人员、检察人员、侦查人员有下列情形之一的,应当自行回避,当事人及其法定代理人也有权要求他们回避:

(一)是本案的当事人或者是当事人的近亲属的;

(二)本人或者他的近亲属和本案有利害关系的;

(三)担任过本案的证人、鉴定人、辩护人、诉讼代理人的;

(四)与本案当事人有其他关系,可能影响公正处理案件的。

2.《公安机关办理刑事案件程序规定》

第三十三条　公安机关负责人、侦查人员不得有下列行为:

(一)违反规定会见本案当事人及其委托人;

(二)索取、接受本案当事人及其委托人的财物或者其他利益;

(三)接受本案当事人及其委托人的宴请,或者参加由其支付费用的活动;

(四)其他可能影响案件公正办理的不正当行为。

违反前款规定的,应当责令其回避并依法追究法律责任。当事人及其法定代理人有权要求其回避。

第三十八条　在作出回避决定前,申请或者被申请回避的公安机关负责人、侦查人员不得停止对案件的侦查。

作出回避决定后,申请或者被申请回避的公安机关负责人、侦查人员不得再参与本案的侦查工作。

第三十九条　被决定回避的公安机关负责人、侦查人员在回避决定作出以前所进行的诉讼活动是否有效,由作出决定的机关根据案件情况决定。

第四十条　本章关于回避的规定适用于记录人、翻译人员和鉴定人。

记录人、翻译人员和鉴定人需要回避的,由县级以上公安机关负责人决定。

3.《人民检察院刑事诉讼规则》

第二十四条　检察人员在受理举报和办理案件过程中,发现有刑事诉讼法第二十九条或者第三十条规定的情形之一的,应当自行提出回避;没有自行提出回避的,人民检察院应当决定其回避,当事人及其法定代理人有权要求其回避。

第二十五条　检察人员自行回避的,应当书面或者口头提出,并说明理由。口头提出的,应当记录在案。

第二十六条　人民检察院应当告知当事人及其法定代理人有依法申请回避的权利,并告知办理相关案件的检察人员、书记员等人员的姓名、职务等有关情况。

第二十七条　当事人及其法定代理人要求检察人员回避的,应当书面或者口头向人民检察院提出,并说明理由。口头提出的,应当记录在案。根据刑事诉讼法第三十条的规定要求检察人员回避的,应当提供有关证明材料。人民检察院经过审查或者调查,认为检察人员符合回避条件的,应当作出回避决定;不符合回避条件的,应当驳回申请。

4.《最高人民法院关于适用〈中华人民共和国刑事诉讼法〉的解释》

第二十七条　审判人员具有下列情形之一的,应当自行回避,当事人及其法定代理人有权申请其回避:

(一)是本案的当事人或者是当事人的近亲属的;

(二)本人或者其近亲属与本案有利害关系的;

(三)担任过本案的证人、鉴定人、辩护人、诉讼代理人、翻译人员的;

(四)与本案的辩护人、诉讼代理人有近亲属关系的;

(五)与本案当事人有其他利害关系,可能影响公正审判的。

第二十八条　审判人员具有下列情形之一的,当事人及其法定代理人有权申请其回避:

(一)违反规定会见本案当事人、辩护人、诉讼代理人的;

(二)为本案当事人推荐、介绍辩护人、诉讼代理人,或者为律师、其他人员介绍办理本案的;

(三)索取、接受本案当事人及其委托的人的财物或者其他利益的;

(四)接受本案当事人及其委托的人的宴请,或者参加由其支付费用的活动的;

(五)向本案当事人及其委托的人借用款物的;

(六)有其他不正当行为,可能影响公正审判的。

第二十九条　参与过本案调查、侦查、审查起诉工作的监察、侦查、检察人员,调至人民法院工作的,不得担任本案的审判人员。

在一个审判程序中参与过本案审判工作的合议庭组成人员或者独任审判员,不得再参与本案其他程序的审判。但是,发回重新审判的案件,在第一审人民法院作出裁判后又进入第二审程序、在法定刑以下判处刑罚的复核程序或者死刑复核程序的,原第二审程序、在法定刑以下判处刑罚的复核程序或者死刑复核程序中的合议庭组成人员不受本款规定的限制。

第三十条　依照法律和有关规定应当实行任职回避的,不得担任案件的审判人员。

第三十一条　人民法院应当依法告知当事人及其法定代理人有权申请回避,并告知其合议庭组成人员、独任审判员、法官助理、书记员等人员的名单。

第三十二条　审判人员自行申请回避,或者当事人及其法定代理人申请审判人员回避的,可以口头或者书面提出,并说明理由,由院长决定。

院长自行申请回避,或者当事人及其法定代理人申请院长回避的,由审判委员会讨论决定。审判委员会讨论时,由副院长主持,院长不得参加。

第三十三条　当事人及其法定代理人依照刑事诉讼法第三十条和本解释第二十八条的规定申请回避的,应当提供证明材料。

第三十四条　应当回避的审判人员没有自行回避,当事人及其法定代理人也没有申请其回避的,院长或者审判委员会应当决定其回避。

第三十五条　对当事人及其法定代理人提出的回避申请,人民法院可以口头或者书面作出决定,并将决定告知申请人。

当事人及其法定代理人申请回避被驳回的,可以在接到决定时申请复议一次。不属于刑事诉讼法第二十九条、第三十条规定情形的回避申请,由法庭当庭驳回,并不得申请复议。

第三十六条　当事人及其法定代理人申请出庭的检察人员回避的,人民法院应当区分情况作出处理:

(一)属于刑事诉讼法第二十九条、第三十条规定情形的回避申请,应当决定休庭,并通知人民检察院尽快作出决定;

(二)不属于刑事诉讼法第二十九条、第三十条规定情形的回避申请,应当当庭驳回,并不得申请复议。

第三十七条　本章所称的审判人员,包括人民法院院长、副院长、审判委员会委员、庭长、副庭长、审判员和人民陪审员。

第三十八条　法官助理、书记员、翻译人员和鉴定人适用审判人员回避的有关规定,其回避问题由院长决定。

第三十九条　辩护人、诉讼代理人可以依照本章的有关规定要求回避、申请复议。

二、其他依据

1.《刑事诉讼法》第 30 ~ 32 条
2.《最高人民法院关于审判人员严格执行回避制度的若干规定》第 1 ~ 14 条
3.《最高人民法院关于对配偶父母子女从事律师职业的法院领导干部和审判执行人员实行任职回避的规定》第 1、2、6 ~ 9、11 条
4.《检察人员任职回避和公务回避暂行办法》第 2、3、5 ~ 18 条
5.《公安机关办理刑事案件程序规定》第 32 ~ 37、39、41 条
6.《公安机关执法细则(第三版)》第 15 – 01 条、第 15 – 02 条、第 15 – 03 条、第 15 – 04 条

三、取保候审申请书

（申请取保候审用）

文书简介

取保候审申请书，是指犯罪嫌疑人、被告人及其法定代理人、近亲属及委托辩护人向公安机关、检察机关、法院提出，对犯罪嫌疑人、被告人采取提供保证人或保证金，对其人身自由作出一定限制，保证其随传随到、不逃避侦查和审判的非羁押措施的申请材料。

实务要点

侦查阶段当事人一被羁押，家属最急迫的需求就是律师能否把人取保出来。能否在侦查阶段成功办理取保，确实十分考验刑辩律师的能力水平。如何做到取

保候审高成功率,笔者总结多年经验,得出如下心得:

(一)关注刑事政策,及时把握红利

最高人民检察院 2022 年 3 月 8 日在官网公布《2021 年全国检察机关主要办案数据》。大数据显示,"2021 年,全国检察机关共批准和决定逮捕各类犯罪嫌疑人 86.8 万人,同比上升 12.7%;不捕 38.5 万人,同比上升 65%,不捕率 31.2%,同比增加 7.9 个百分点"。4 月 19 日最高人民检察院发布 2022 年 1～3 月《全国检察机关主要办案数据》。从数据上看,"共批准和决定逮捕各类犯罪嫌疑人 14.3 万人,同比下降 27.3%;不捕 8.6 万人,同比上升 21.2%,不捕率 38.1%,同比增加 11.1 个百分点"。正如最高人民检察院答记者问的说明,"司法机关合力推动少捕慎诉慎押刑事司法政策落地见效。与公安、法院、司法行政机关加强协调配合,深化对贯彻少捕慎诉慎押刑事司法政策的共识。'承上'向前传导,公安机关提请逮捕数量大幅下降。'居中'能动履职,正当程序释放司法善意。'启下'向后延伸,确保办案效果。"

可见"少捕慎诉慎押"刑事司法政策的已成共识,旧时个别侦查机关"构罪即捕""有罪必诉""一押到底"的传统办案模式已不能适应时代发展的社会需要。在申请取保候审时,要充分利用新的司法政策,把握政策给当事人带来的红利。

(二)正确评估,重视申请要点,避免无效申请

1. 正确评估取保成功率,不盲目申请。

按照《刑事诉讼法》第 67 条"人民法院、人民检察院和公安机关对有下列情形之一的犯罪嫌疑人、被告人,可以取保候审:(一)可能判处管制、拘役或者独立适用附加刑的;(二)可能判处有期徒刑以上刑罚,采取取保候审不致发生社会危险性的;(三)患有严重疾病、生活不能自理,怀孕或者正在哺乳自己婴儿的妇女,采取取保候审不致发生社会危险性的;(四)羁押期限届满,案件尚未办结,需要采取取保候审"的规定,只有上述情形下的犯罪嫌疑人、被告人,存在取保候审成功可能。即不是所有案件的当事人都能适合取保候审,如在一定地域内有重大影响的恶性案件,犯罪嫌疑人可能判处刑期超过 10 年的,明显不适合取保候审情形,则不可提出取保候审申请。如果仅仅为满足委托人的侥幸心理,进行申请,辩护人也要提前告知委托人有难以获得成功取保的风险。

2. 解决司法机关作出决定中的顾虑,量化法律规范。

(1)让"可能"成为"确定"。

《刑事诉讼法》第 67 条第 1 款第 1、2 项所规定的取保候审条件:用的都是"可能"。辩护律师认为"可能",但是办案单位或许认为"不可能"。如何让"可能"成为"确定"？需要根据对办案单位的了解,与其工作人员沟通和会见以及相关证据,在掌握基本事实的基础上,运用最高人民法院和各省的量刑指导意见等规范,对涉案刑期予以相对准确的测算,让"可能"变得确定。在提交的《取保候审申请书》后附类案刑期或判处缓刑的类案检索报告,提高成功率。

在此纠正一个认识误区。《刑事诉讼法》第 67 条第 2 项"可能判处有期徒刑以上刑罚,采取取保候审不致发生社会危险性的"情形中的"可能判处有期徒刑以上刑罚",并不是指 3 年以下有期徒刑。这不过是大家在实务中潜意识中形成 3 年以下有期徒刑的更容易获得取保成功的印象。但不能以此而桎梏了我们:仍可以对于可能判处 3 年以上有其徒刑当事人的进行取保候审申请。地方司法刑事政策《广东省高级人民法院关于刑事诉讼中规范民营企业家负责人取保候审指引》(粤高法〔2020〕80 号,2020 年 7 月 21 日)第 3 条第 3 项就规定了"可能判处十年以下有期徒刑,犯罪事实已经查清,证据确实、充分,认罪态度好,积极赔偿或退赃,采取取保候审能够保证诉讼顺利进行的"民营企业负责人作为被告人的,同样可以取保候审。

(2)让"不至于发生社会危险性"成为"不具有社会危险性"。

是否具有社会危险性是决定能否办理取保候审的重点,要重点突破。

《刑事诉讼法》第 81 条规定,具有以下五种情形的应当逮捕:(1)可能实施新的犯罪的;(2)有危害国家安全、公共安全或者社会秩序的现实危险的;(3)可能毁灭、伪造证据,干扰证人作证或者串供的;(4)可能对被害人、举报人、控告人实施打击报复的;(5)企图自杀或者逃跑的。刑辩律师需要反其道而行之,阐明当事人不具备该五种情形。

律师要根据《最高人民检察院、公安部关于逮捕社会危险性条件若干问题的规定(试行)》第 5~9 条的规定,逐一对每一项社会危险性条件进行分析,说明当事人不具有社会危险性。

(3)量身定制,用尽各有利情节。

根据案情,从犯罪嫌疑人的年龄、职业、身份、家庭情况、婚姻状况、有无前科劣迹、社会荣誉、有无稳定住所、能否提供保证人或保证金、能否保证随传随到、在共同犯罪中的作用地位、获利情况、犯罪数额等。若案件中有被害人,有无和被害人协商达成谅解。从各个角度展开分析论证。

综上所述,让当事人个人情况尽量符合法律规定取保候审的条件,而不存在不符合的情形,成功率就高。

(三)准确把握提出取保候审的时机

按照刑事诉讼的流程,笔者将取保候审分为捕前(侦查机关提请批准逮捕前)、捕中(检察机关审查逮捕期间)、捕后(检察机关批准逮捕后)三个环节。

捕前:建议在公安机关将案件报送检察院批准逮捕之前提出。若能在检察院批捕前就申请取保候审成功,可以及时解除当事人的羁押状态。

捕中:若案件已移送到检察机关提请逮捕,要及时向检察院提交书面的建议不予批准逮捕的法律意见,并申请当面向检察官陈述意见,争取让检察院作出不予批准逮捕的决定。

捕后:可以向检察机关提请羁押必要性审查,并提交相关材料和意见。根据《最高人民检察院刑事执行检察厅关于贯彻执行〈人民检察院办理羁押必要性审查案件规定(试行)〉的指导意见》第15条第10项"侦查监督部门作出批准逮捕或者批准延长侦查羁押期限决定不满一个月的"规定,犯罪嫌疑人、被告人申请的,经初审后一般不予立案。所以羁押必要性审查申请,最好是在批捕后的1个月之后提出。在审查起诉阶段申请取保,要掌握好时机。太早提交,承办人可能尚未完整阅卷;太晚提交,案件有可能已起诉到法院或退回公安机关补充侦查,同时结合当时的情况(法、检部门一般年头案件较少,年尾案件较多)进行调整。若案件在侦查、审查起诉阶段均未申请取保候审,到了审判阶段还可以再提申请,如果证据方面有重大变化或符合法律取保候审法律规范,也可以成功取保候审。

成功取保候审是个技术活,做实、盯紧,成功希望就大。

文书范例

取保候审申请书

(_____涉嫌_____罪一案)

申请人:_____律师事务所_____律师,系犯罪嫌疑人/被告人_____的辩护律师。

联系方式:_____

被申请机关:_____公安局/人民检察院/人民法院。

申请事项：

申请对犯罪嫌疑人/被告人_____取保候审。

事实和理由：

_____因涉嫌____罪于____年____月____日被刑事拘留，____年____月____日被逮捕，现羁押于_____看守所。申请人作为_____的辩护人，依法会见了_____，了解了相关案情（查阅了全部案卷材料），根据《中华人民共和国刑事诉讼法》的相关规定，特向贵局/院申请对_____变更为取保候审的强制措施。

一、相关事实

辩护人通过会见/阅卷后了解基本事实：_____。

二、相关理由

_____。

（注：建议紧扣以下几点：(1)根据《刑事诉讼法》第67条"人民法院、人民检察院和公安机关对有下列情形之一的犯罪嫌疑人、被告人，可以取保候审：（一）可能判处管制、拘役或者独立适用附加刑的；（二）可能判处有期徒刑以上刑罚，采取取保候审不致发生社会危险性的；（三）患有严重疾病、生活不能自理，怀孕或者正在哺乳自己婴儿的妇女，采取取保候审不致发生社会危险性的；（四）羁押期限届满，案件尚未办结，需要采取取保候审的"的规定，犯罪嫌疑人/被告人符合上述第____种情形。(2)犯罪嫌疑人/被告人涉嫌的罪名是_____罪，根据我国《刑法》第____条的规定"_____，处三年以下有期徒刑、拘役或者管制，并处罚金"，犯罪嫌疑人/被告人涉嫌犯罪属于可能被判处有期徒刑、管制、拘役的情况，可以采取取保候审。(3)犯罪嫌疑/被告人所涉嫌的罪行并非暴力性犯罪，也没有特别严重的犯罪情节，且不存在《公安机关办理刑事案件程序规定》第82条所述的"累犯，犯罪集团的主犯，以自伤、自残办法逃避侦查"等不得取保候审的情形，不至于发生社会危险性的情形。(4)其他情形可以申请的情形。以及要点中所提内容）

综上所述，犯罪嫌疑人/被告人符合取保候审的条件，申请人恳请贵局/贵院能够依法审查并批准本人的取保候审申请，申请人保证犯罪嫌疑人/被告人能够严格遵守取保候审制度及法律的相关规定，做到随传随到，不妨碍刑事程序的顺利进行，为此，申请人愿意依法向公安机关交纳保证金、提供保证人或者其他力所能及的保证。

诚挚恳请审查批准！

此致

＿＿＿＿＿＿＿公安局/人民检察院/人民法院

申请人：＿＿＿＿＿＿＿

＿＿＿年＿＿＿月＿＿＿日

【说明】

本样式是根据《刑事诉讼法》第67条、第97条的规定制作的，供刑辩律师参考使用。

实践中，个别公安机关要求犯罪嫌疑人要认罪认罚或取得被害人谅解才能办理取保候审；该要求并无法律依据。

法律依据

一、直接依据

《刑事诉讼法》

第六十七条　人民法院、人民检察院和公安机关对有下列情形之一的犯罪嫌疑人、被告人，可以取保候审：

（一）可能判处管制、拘役或者独立适用附加刑的；

（二）可能判处有期徒刑以上刑罚，采取取保候审不致发生社会危险性的；

（三）患有严重疾病、生活不能自理，怀孕或者正在哺乳自己婴儿的妇女，采取取保候审不致发生社会危险性的；

（四）羁押期限届满，案件尚未办结，需要采取取保候审的。

取保候审由公安机关执行。

第九十七条　犯罪嫌疑人、被告人、及其法定代理人、近亲属或者辩护人有权申请变更强制措施。人民法院、人民检察院和公安机关收到申请后，应当在三日以内作出决定；不同意变更强制措施的，应当告知申请人，并说明不同意的理由。

二、其他依据

1.《刑事诉讼法》第66、68、73条

2.《公安机关办理刑事案件程序规定》第81~92、106~108条

3.《公安机关执法细则(第三版)》第31-01条

4.《人民检察院刑事诉讼规则》第86~100、102~106、150、151、153~155条

5.《最高人民法院关于适用〈中华人民共和国刑事诉讼法〉的解释》第147、

150~156、169、170、350条

6.《最高人民法院、最高人民检察院、公安部、国家安全部关于取保候审若干问题的规定》第2、4~9、19~25条

7.《最高人民检察院、公安部关于适用刑事强制措施有关问题的规定》第1~9、30条

8.《律师办理刑事案件规范》第51、57、58、195、213条

9.《广东省高级人民法院关于刑事诉讼中规范民营企业家负责人取保候审指引》第1~11条

四、监视居住申请书及解除监视居住申请书

（申请监视居住及解除监视居住用）

文书简介

监视居住申请书，是指犯罪嫌疑人、被告人及其法定代理人、近亲属及委托辩护人向公安机关、检察机关、法院提出，可对犯罪嫌疑人、被告人本人采取责令其不得离开住所或指定居所，对其活动加以监视和控制这一非羁押强制措施的申请材料。解除监视居住申请书则是与监视居住申请书相对的概念。

实务要点

（一）优先申请取保候审，次之申请监视居住

按照《刑事诉讼法》有关强制措施的规定，对于符合监视居住法定情形的犯罪嫌疑人，辩护律师经审核案情，针对符合逮捕条件，但同时认为犯罪嫌疑人具有法定情形，其完全可以在一定期限内保证不离开住处或者指定的居所，侦查机关可

对其活动予以监视和控制,无须采取监所人身羁押,也能保证刑事诉讼程序得以进行的,便有权申请侦查机关对犯罪嫌疑人对其采取监视居住这一替代强制羁押的措施。如能办理取保候审,则不要申请监视居住。除非不能办理取保候审,在经本人及家属同意后,才可以申请监视居住。尽管监视居住的措施强度大于取保候审,但是对比监所羁押而言,效果还是要好些。

(二)针对指定居所监视居住,需特别注意的要点

原则上,监视居住应当在犯罪嫌疑人、被告人的住处执行,只有在以下两种情况下,指定居所:(1)犯罪嫌疑人、被告人无固定住处的;(2)对于涉嫌危害国家安全犯罪、恐怖活动犯罪,在住处执行可能有碍侦查的。这两种情况下,经上一级公安机关批准,也可以在指定的居所执行。换言之,如果有固定住处或不存在妨碍侦查,不应当指定监视居住;这种情况下如果指定监视居住,则属于违法。个别公安机关借口"当事人拒不交代家庭住址",指定宾馆监视居住。侦查人员比当事人更知道家在哪,其实质就是变相非法拘禁。该种情形下制作的讯问笔录,笔者认为属于非法证据排除范畴。

采取指定居所监视居住,指定的居所应当符合下列条件:具备正常的生活、休息条件;便于监视、管理;能够保证办案安全。不得在看守所、拘留所、监狱等羁押、监管场所以及留置室、讯问室等专门的办案场所、办公区域执行。不得要求被监视居住人支付费用。

(三)对于解除监视居住违法的,可投诉

对不应当追究刑事责任的犯罪嫌疑人、被告人监视居住或者监视居住期限届满(6个月)的,属于法定解除应当及时监视居住情形。经申请不予办理解除的,可以依法投诉。

文书范例

监视居住申请书

(_____涉嫌_____罪一案)

申请人:_____律师事务所_____律师,系_____的辩护人。
联系方式:_____

被申请机关：_____公安局/人民检察院/人民法院。

申请事项：申请对犯罪嫌疑人/被告人_____监视居住。

事实和理由：

因涉嫌_____罪于____年____月____日被刑事拘留，____年____月____日被逮捕，现羁押于_____看守所。申请人作为_____的辩护人，依法会见了_____，了解了相关案情（查阅了全部案卷材料），根据《中华人民共和国刑事诉讼法》的相关规定，特向贵局/院申请对_____变更为监视居住的强制措施。

一、相关事实

_____。

二、相关理由

_____，符合《中华人民共和国刑事诉讼法》第_____条_____规定。

综上所述，根据《中华人民共和国刑事诉讼法》的相关规定，结合本案案情，辩护人认为_____符合监视居住的条件，依法向贵局/院申请监视居住。

此致

_____公安局/人民检察院/人民法院

申请人：_____

____年____月____日

【说明】

《监视居住申请书》的样式是根据《刑事诉讼法》第66条、第74条的规定制作的。

解除监视居住申请书

（_____涉嫌_____罪一案）

申请人：_____律师事务所_____律师，系_____的辩护人。

联系方式：_____

被申请机关：_____公安局/人民检察院/人民法院。

申请事项：申请解除对犯罪嫌疑人_____监视居住。

事实和理由：

_____因涉嫌_____罪于____年____月____日被刑事拘留，____年____月____日被逮捕，现羁押于_____看守所。申请人作为_____的辩护人,依法会见了_____,了解了相关案情(查阅了全部案卷材料),根据《中华人民共和国刑事诉讼法》的相关规定,特向贵局/院申请解除对_____监视居住的强制措施。

一、相关事实

申请人发现_____(注:如不应当追究犯罪嫌疑人刑事责任,确认监视居住的期限已经届满或者不符合指定监视居住法定情形),不应继续监视居住。

二、相关理由

_____。以上理由符合《中华人民共和国刑事诉讼法》第_____条的规定。

综上所述,根据《中华人民共和国刑事诉讼法》的相关规定,结合本案案情,辩护人认为_____符合解除监视居住的条件,依法向贵局/院申请解除对其的监视居住。

此致

_____公安局/人民检察院/人民法院

申请人：_____

____年____月____日

【说明】

《解除监视居住申请书》的样式是根据《刑事诉讼法》第74条、第79条等条文的规定制作的。

法律依据

一、直接依据

《刑事诉讼法》

第六十六条　人民法院、人民检察院和公安机关根据案件情况,对犯罪嫌疑人、被告人可以拘传、取保候审或者监视居住。

第七十四条　人民法院、人民检察院和公安机关对符合逮捕条件,有下列情形之一的犯罪嫌疑人、被告人,可以监视居住:

(一)患有严重疾病、生活不能自理的;

(二)怀孕或者正在哺乳自己婴儿的妇女;

（三）系生活不能自理的人的唯一扶养人；

（四）因为案件的特殊情况或者办理案件的需要，采取监视居住措施更为适宜的；

（五）羁押期限届满，案件尚未办结，需要采取监视居住措施的。对符合取保候审条件，但犯罪嫌疑人、被告人不能提出保证人，也不交纳保证金的，可以监视居住。

监视居住由公安机关执行。

第七十九条　人民法院、人民检察院和公安机关对犯罪嫌疑人、被告人取保候审最长不得超过十二个月，监视居住最长不得超过六个月。在取保候审、监视居住期间，不得中断对案件的侦查、起诉和审理。对于发现不应当追究刑事责任或者取保候审、监视居住期限届满的，应当及时解除取保候审、监视居住。解除取保候审、监视居住，应当及时通知被取保候审、监视居住人和有关单位。

二、其他依据

1.《刑事诉讼法》第 75～78 条

2.《公安机关办理刑事案件程序规定》第 109～123 条

3.《公安机关执法细则（第三版）》第 32－01 条、第 32－02 条

4.《人民检察院刑事诉讼规则》第 107～120、318 条

5.《最高人民法院关于适用〈中华人民共和国刑事诉讼法〉的解释》第 160～162、169、170 条

6.《最高人民法院、最高人民检察院、公安部、国家安全部、司法部关于依法保障律师执业权利的规定》第 22 条

7.《最高人民检察院、公安部关于适用刑事强制措施有关问题的规定》第 10～17 条

8.《律师办理刑事案件规范》第 52～55、213 条

五、律师会见在押犯罪嫌疑人、被告人专用介绍信

(看守所会见犯罪嫌疑人/被告人用)

文书简介

律师会见在押犯罪嫌疑人、被告人专用介绍信,是律师事务所接受委托后,指派专业律师到羁押犯罪嫌疑人、被告人的看守所联系接洽会见时,使用的兼有介绍、证明双重作用的函件。

实务要点

实务中,注意事项有:
(1)鉴于该文书是印好格式的介绍信,用时按规范填写即可;
(2)会见前,如果需提请许可会见的罪名,要获得许可;还要核实委托人之前是否聘请过两位律师及对方是否到看守所会见过,如果之前会见律师超过两位,需要先和委托人协商解除一位律师的代理关系,并持该律师事务所解除委托关系证明,方可顺利会见,否则将被以"当事人只可聘请两位律师进行辩护"为由拒绝会见。

文书范例

律师会见在押犯罪嫌疑人、被告人专用介绍信

_____看守所:

根据《中华人民共和国刑事诉讼法》第39条以及《中华人民共和国律师法》第

33 条的规定,现指派本所_____律师前往你处会见____案的在押犯罪嫌疑人(被告人)_____,应予以安排。

特此函告

_____律师事务所(章)
____年____月____日

【说明】

本文书根据《刑事诉讼法》第 39 条以及《律师法》第 33 条的规定制作。

会见在押犯罪嫌疑人(被告人)时,需同时向看守所提交俗称的"三证"——律师执业证书、律师事务所证明和委托书或者法律援助公函,方能满足要求会见的形式文书要件。

法律依据

一、直接依据

1.《刑事诉讼法》

第三十九条 辩护律师可以同在押的犯罪嫌疑人、被告人会见和通信。其他辩护人经人民法院、人民检察院许可,也可以同在押的犯罪嫌疑人、被告人会见和通信。

辩护律师持律师执业证书、律师事务所证明和委托书或者法律援助公函要求会见在押的犯罪嫌疑人、被告人的,看守所应当及时安排会见,至迟不得超过四十八小时。

危害国家安全犯罪、恐怖活动犯罪案件,在侦查期间辩护律师会见在押的犯罪嫌疑人,应当经侦查机关许可。上述案件,侦查机关应当事先通知看守所。

辩护律师会见在押的犯罪嫌疑人、被告人,可以了解案件有关情况,提供法律咨询等;自案件移送审查起诉之日起,可以向犯罪嫌疑人、被告人核实有关证据。辩护律师会见犯罪嫌疑人、被告人时不被监听。

辩护律师同被监视居住的犯罪嫌疑人、被告人会见、通信,适用第一款、第三款、第四款的规定。

2.《律师法》

第三十三条 律师担任辩护人的,有权持律师执业证书、律师事务所证明和委托书或者法律援助公函,依照刑事诉讼法的规定会见在押或者被监视居住的犯罪嫌疑人、被告人。辩护律师会见犯罪嫌疑人、被告人时不被监听。

二、其他依据

1.《公安机关办理刑事案件程序规定》第 48 条

2.《律师办理刑事案件规范》第 18 条

六、会见犯罪嫌疑人申请书

（需要批准会见案件用）

文书简介

会见犯罪嫌疑人申请书,是指律师向侦查机关提出会见侦查期间在押涉嫌犯罪嫌疑人危害国家安全犯罪、恐怖活动犯罪案件的犯罪嫌疑人,履行申请获得许可的诉讼文书。

实务要点

对于犯罪嫌疑人确实涉嫌危害国家安全犯罪、恐怖活动犯罪的,应当履行申请许可手续。

但实务中,对公安机关侦办的案件或检察院自侦案件,有时当事人并不涉嫌危害国家安全犯罪、恐怖活动犯罪案件,在未固定好有罪证据的情形下,也会以涉嫌上述两种罪名被不予安排会见。还有个别侦查机关以监察委移送案件或以案件属于涉黑涉恶为由不予安排会见,其实该做法并无法律依据。

针对以上违法拒绝安排会见的情形,律师不能提交《会见犯罪嫌疑人申请书》,而应依法投诉解决。

文书范例

会见犯罪嫌疑人申请书

（_____涉嫌_____罪一案）

申请人：_____律师事务所_____律师，系犯罪嫌疑人_____的辩护人。

联系方式：_____

被申请机关：_____公安局/人民检察院。

申请事项：申请会见犯罪嫌疑人_____。

事实和理由：

_____因涉嫌____罪于____年____月____日被刑事拘留，____年____月____日被逮捕，现羁押于____看守所。申请人作为_____的辩护人，了解了相关案情，根据《中华人民共和国刑事诉讼法》的相关规定，特向贵局申请会见。

一、相关事实：_____。

二、相关理由：_____。

综上所述，根据《中华人民共和国刑事诉讼法》的相关规定，结合本案案情，辩护人申请会见。

此致

_____公安局

申请人：_____

____年____月____日

【说明】

本文书依据《刑事诉讼法》第 39 条的规定制作，只针对危害国家安全犯罪、恐怖活动犯罪案件，在侦查期间辩护律师会见在押的犯罪嫌疑人，且应当经侦查机关许可的规定。

法律依据

一、直接依据
《刑事诉讼法》

第三十九条 辩护律师可以同在押的犯罪嫌疑人、被告人会见和通信。其他辩护人经人民法院、人民检察院许可，也可以同在押的犯罪嫌疑人、被告人会见和通信。

辩护律师持律师执业证书、律师事务所证明和委托书或者法律援助公函要求会见在押的犯罪嫌疑人、被告人的，看守所应当及时安排会见，至迟不得超过四十八小时。

危害国家安全犯罪、恐怖活动犯罪案件，在侦查期间辩护律师会见在押的犯罪嫌疑人，应当经侦查机关许可。上述案件，侦查机关应当事先通知看守所。

辩护律师会见在押的犯罪嫌疑人、被告人，可以了解案件有关情况，提供法律咨询等；自案件移送审查起诉之日起，可以向犯罪嫌疑人、被告人核实有关证据。辩护律师会见犯罪嫌疑人、被告人时不被监听。

辩护律师同被监视居住的犯罪嫌疑人、被告人会见、通信，适用第一款、第三款、第四款的规定。

二、其他依据

1.《公安机关办理刑事案件程序规定》第51~53条

2.《最高人民法院、最高人民检察院、公安部、国家安全部、司法部关于依法保障律师执业权利的规定》第7、9条

（注：第九条第一款中特别重大贿赂犯罪案件部分，因《监察法》的实施自然废止。）

3.《律师办理刑事案件规范》第19条

七、翻译人员协助律师会见申请书

（会见不通晓当地通用语言犯罪嫌疑人、被告人用）

文书简介

翻译人员协助律师会见申请书，是指律师向办案单位提出会见不通晓当地通用的语言文字的在押或者被监视居住的犯罪嫌疑人时，为了有效沟通交流需有翻译人员协助时的一种申请文书。

实务要点

1. 当事人是不通晓当地通用的语言文字的人（如外国人），因语言文字不通，办案机关提审或律师会见，都必须有翻译人员陪同，均需要将讯问笔录或会见笔录的内容告知当事人，且在笔录中签字。如果没有翻译人员协助，刑事诉讼无法进行，故办案单位办案或律师会见，翻译人员均不可或缺。

为了能保证顺利获得同意，该翻译人员应当不是具有以下情形的人员：（1）是本案的当事人或者是当事人的近亲属的；（2）本人或者他的近亲属和本案有利害关系的；（3）担任过本案的证人、鉴定人、辩护人、诉讼代理人的；（4）与本案当事人有其他关系，可能影响公正处理案件的。否则将难以通过审查，难以获得翻译人员协助律师会见的结果。

2. 司法实务中，有的办案机关可能还会要求翻译人员必须是办案机关指定的人员，其实该做法并无法律依据。

3. 该文书应在律师会见之前向看守所提出，待得到同意后，再行安排会见事宜。

文书范例

翻译人员协助律师会见申请书

（_____涉嫌_____罪一案）

申请人：_____律师事务所_____律师，系犯罪嫌疑人_____的辩护人。

联系方式：_____

申请事项：申请翻译人员_____协助律师会见涉嫌_____案件的被告人。

事实和理由：

被告人_____涉嫌_____一案中，已由贵局/贵院立案侦查/审查起诉/审判，辩护人接受犯罪嫌疑人/被告人亲属_____的委托，需要会见被告人____，鉴于犯罪嫌疑人/被告人系_____（注：例如，系俄罗斯国籍的外国人，不通晓中国通用语言文字）。

根据《中华人民共和国刑事诉讼法》第九条第一款的规定，为了查清本案事实及公正审判本案，作为被告人的辩护人，特请求贵院依法聘请翻译人员_____作为翻译人员出庭，负责翻译侦查机关提供的讯问同步录音录像中的语言内容及庭审中语言的翻译工作。

特此申请，请予以批准。

此致

_____公安机关/人民检察院

附：

翻译人员的身份证件、单位介绍信、翻译证书、联系住址、电话。

申请人：_____

____年____月____日

【说明】

本文书根据《刑事诉讼法》第 9 条第 1 款及第 17 条的规定制作。

法律依据

一、直接依据

《刑事诉讼法》

第九条 各民族公民都有用本民族语言文字进行诉讼的权利。人民法院、人民检察院和公安机关对于不通晓当地通用的语言文字的诉讼参与人,应当为他们翻译。

在少数民族聚居或者多民族杂居的地区,应当用当地通用的语言进行审讯,用当地通用的文字发布判决书、布告和其他文件。

第十七条 对于外国人犯罪应当追究刑事责任的,适用本法的规定。

对于享有外交特权和豁免权的外国人犯罪应当追究刑事责任的,通过外交途径解决。

二、其他依据

1.《最高人民法院关于适用〈中华人民共和国刑事诉讼法〉的解释》第94条

2.《公安机关办理刑事案件程序规定》第54条

3.《最高人民法院、最高人民检察院、公安部、外交部关于处理会见在押外国籍案犯以及外国籍案犯与外界通信问题的通知》附件一

4.《律师办理刑事案件规范》第20条

八、核实立功线索申请书

（核实立功线索用）

文书简介

核实立功线索申请书,是指律师向办案单位提出对犯罪嫌疑人、被告人已举报他人犯罪的立功事实进行核实的申请文书。

实务要点

1. 按照《刑法》第 68 条"犯罪分子有揭发他人犯罪行为,查证属实的,或者提供重要线索,从而得以侦破其他案件等立功表现的,可以从轻或者减轻处罚;有重大立功表现的,可以减轻或者免除处罚"的规定,立功是犯罪嫌疑人被告人法定从轻或减轻或免除处罚的法定情节。如当事人确有立功的线索,律师应当主动、及时为其申请,要求核实。

2. 需要注意事项:律师不得帮助犯罪嫌疑人、被告人传递、伪造立功线索。

3. 对于当事人反馈确有自首、坦白、立功量刑情节证据记录在卷,律师阅卷后发现人民检察院移送案卷中没有该相关证据材料时,不属于核实文书申请内容,应当申请调取移送。

文书范例

核实立功线索申请书

（_____涉嫌_____罪一案）

申请人：_____律师事务所_____律师,系犯罪嫌疑人_____的辩护人。

联系方式：_____

被申请机关：_____公安局/人民检察院。

申请事项：

申请对犯罪嫌疑人/被告人_____所提供的立功线索进行向_____单位/自然人进行核实。

事实和理由：

_____因涉嫌_____罪于___年___月___日移送审查起诉。申请人作为_____的辩护人,于___年___月___日依法会见了_____,在会见过程中,向申请人提及他人可能涉嫌犯罪的线索,可能构成立功。

申请人根据《中华人民共和国刑事诉讼法》的相关规定,特向贵局/贵院申请对犯罪嫌疑人提供的立功线索进行核实。待核实的立功线索：

主要包括：

一、＿＿＿＿＿＿＿＿＿＿＿＿＿＿＿＿＿＿＿＿＿＿＿＿＿＿＿＿＿＿＿＿＿＿；

二、＿＿＿＿＿＿＿＿＿＿＿＿＿＿＿＿＿＿＿＿＿＿＿＿＿＿＿＿＿＿＿＿＿＿。

基于上述情况，附律师会见笔录为证，申请人特此申请，望贵局/院对上述线索予以核实。

此致

＿＿＿＿＿＿＿人民检察院/人民法院

申请人：＿＿＿＿＿
＿＿＿年＿＿＿月＿＿＿日

【说明】

本文书是根据《最高人民法院关于执行〈中华人民共和国刑事诉讼法〉的司法解释》第 277 条、最高人民检察院《人民检察院刑事诉讼规则》第 330 条第 1 款第 3 项的规定制作的。

法律依据

一、直接依据

1.《最高人民法院关于适用〈中华人民共和国刑事诉讼法〉的解释》

第二百七十七条　审判期间，合议庭发现被告人可能有自首、坦白、立功等法定量刑情节，而人民检察院移送的案卷中没有相关证据材料的，应当通知人民检察院在指定时间内移送。

审判期间，被告人提出新的立功线索的，人民法院可以建议人民检察院补充侦查。

2.《人民检察院刑事诉讼规则》

第三百三十条第一款第（三）项　人民检察院审查移送起诉的案件，应当查明：

（三）认定犯罪性质和罪名的意见是否正确；有无法定的从重、从轻、减轻或者免除处罚情节及酌定从重、从轻情节；共同犯罪案件的犯罪嫌疑人在犯罪活动中的责任认定是否恰当；

二、其他依据

1.《刑事诉讼法》第 68 条

2.《最高人民法院关于处理自首和立功具体应用法律若干问题的解释》第1~7条

3.《最高人民法院、最高人民检察院关于办理职务犯罪案件认定自首、立功等量刑情节若干问题的意见》

4.《最高人民法院关于处理自首和立功若干具体问题的意见》

5.《律师办理刑事案件规范》第204、205条

九、调查取证申请书

（申请调查取证用）

文书简介

调查取证申请书，专指辩护律师向办案单位提出的对被害人或被害人及其近亲属提供的证人调取与案件有关的证据材料的申请文书。

实务要点

（一）自行调查取证

自行调查取证是刑事辩护律师必备的技能之一，但是在调查取证过程中，如果稍不注意，就极有可能给自己的执业带来极大的风险，甚至会因此触犯法律。特别是对于已经作为控方证据的被害人陈述或被害人近亲属、被害人提供的证人证言，更要谨慎。

实务中，要注意：

1. 如果辩护律师针对已作为控方证据进行进一步调查核实，则必须要先解决第一个前置任务——取得人民检察院或者人民法院许可，再取得害人或被害人近亲属、被害人提供的证人的同意后，才能开展调查工作。否则该调查取证行为将

被视为违法调查行为,不能得到法律的保护。

2.对非已作为控方证据的证人或被害人之外的调查取证,除严格按照法律规范审慎取证外,一定是首先对客观证据材料进行调取。因为物证、书证这些客观证据不会因为调查人的不同而"撒谎"。其次,再对证人证言进行固定,目的就是对客观证据材料进一步补强。

(二)申请调查取证

笔者还是建议尽量避免对已作为控方证据的证人或被害人进行单方调查,最好是提议控、辩、审三方共同开展。如果不能,则改为申请调查取证,即申请侦查机关、检察机关或法院调查取证。再就是还可以申请该证人、被害人出庭作证,接受交叉质询,继而通过发问,发现该证人证言、被害人陈述不具有真实性。

申请调查取证的提出,可在侦查阶段,也可在审查起诉或审判阶段。

📄 文书范例

调查取证申请书

(_____涉嫌_____罪一案)

申请人:_____律师事务所_____律师,系犯罪嫌疑人_____的辩护人。

联系方式:_____

申请事项:

准予许可对被害人____(或被害人及其近亲属提供的证人____)调查取证。

申请理由:

作为犯罪嫌疑人/被告人_____的辩护律师,因案情需要,本人拟向被害人____(或被害人近亲属、被害人提供的证人_____)调查取证。根据《中华人民共和国刑事诉讼法》第四十三条第二款的规定,特此申请。

请予许可。

此致

_____人民检察院/人民法院

申请人:_____(签名)

　　　　　　　　　　　　　　　　　_____律师事务所(章)
　　　　　　　　　　　　　　　　　____年____月____日

附：

1. 收集、调取证据对象(个人)的姓名,有关单位名称,住址或通信方式;
2. 调查取证的提纲。

【说明】

本文书根据《刑事诉讼法》第43条第2款的规定制作。

法律依据

一、直接依据

《刑事诉讼法》

第四十三条第二款 辩护律师经人民检察院或者人民法院许可,并且经被害人或者其近亲属、被害人提供的证人同意,可以向他们收集与本案有关的材料。

二、其他依据

1. 《人民检察院刑事诉讼规则》第53条
2. 《最高人民法院关于适用〈中华人民共和国刑事诉讼法〉的解释》第58条
3. 《律师办理刑事案件规范》第38~44条

十、提请调取证据申请书

（申请提请调取证据用）

文书简介

提请调取证据申请书,是律师行使调查取证权的一种模式,是辩护人申请法院、检察机关协助收集、调取证据的申请文书。

实务要点

"调查难"是辩护律师执业的一大困扰。这个"难"不仅是指自行调取证据难,其实也存在申请调查取证方面的"难"。因为辩护人的申请无疑会给检察机关或法院带来新的工作负担,或将不被准许。

实务中,要想获得准许,应当将申请书中的"认为"公安司法机关收集的证明被告人无罪或者罪轻的证据材料未随案移送的"认为"做实,附上"相关线索或者材料",及时提交,这样才能经得起检察机关或法院的"审查",进而启动调取程序。不能捕风捉影,盲目申请。

文书范例

提请调取证据申请书

（_____涉嫌_____罪一案）

申请人：_____律师事务所_____律师,系犯罪嫌疑人_____的辩护人。

联系方式：_____

申请事项：

申请_____人民检察院/人民法院向_____公安局/_____办案单位收集调取_____证据。

申请理由：

作为犯罪嫌疑人/被告人_____涉嫌_____罪一案的辩护律师,辩护人在会见/阅卷后,了解到以下相关事实：_____。

（注：重点阐述如相关单位或公民个人可证实犯罪嫌疑人/被告人存在无罪或者罪轻的事实；或侦查人员/监察机关/检察机关移送卷宗存在未随案移送有关犯罪嫌疑人/被告人无罪或者罪轻的证据材料,需向办案单位调取）

鉴于申请人无法自行调取,根据《中华人民共和国刑事诉讼法》第四十一条,可以申请人民检察院/人民法院收集、调取证据的规定,特申请贵院予以收集、调取。

此致
_____人民检察院/人民法院

申请人：_____（签名）
____年____月____日

附：
1. 有关单位名称、地址或通信方式。
2. 调取证据名称、内容。
3. 未移送的证据或线索材料。

【说明】
本文书根据《刑事诉讼法》第41条及其最高人民检察院、最高人民法院所颁布司法解释的相关规定制作。

法律依据

一、直接依据

《刑事诉讼法》

第四十一条　辩护人认为在侦查、审查起诉期间公安机关、人民检察院收集的证明犯罪嫌疑人、被告人无罪或者罪轻的证据材料未提交的，有权申请人民检察院、人民法院调取。

二、其他依据

1. 《刑事诉讼法》第43条
2. 《人民检察院刑事诉讼规则》第52条
3. 《最高人民法院关于适用〈中华人民共和国刑事诉讼法〉的解释》第57条
4. 《最高人民法院、最高人民检察院、公安部、国家安全部、司法部关于依法保障律师执业权利的规定》第16条
5. 《律师办理刑事案件规范》第46、48、49条

十一、重新鉴定、勘验申请书

（申请重新鉴定勘验用）

文书简介

重新鉴定、勘验申请书，是犯罪嫌疑人、被告人及其委托辩护人向侦查机关、检察机关或法院针对用作证据的鉴定意见鉴定的事项，勘验笔录内容进行重新鉴定、勘验的申请文书。

实务要点

（一）对鉴定意见要有高度的质疑精神

鉴定意见是《刑事诉讼法》规定的证据种类之一，是鉴定人运用科学技术或专门知识，对诉讼中涉及的专门性问题进行分析、判断所形成的鉴别意见。《刑事诉讼法》规定，鉴定意见等证据必须经过查证属实，才能作为定案的根据。鉴定意见看似具有权威性，但也千万不要对其迷信和轻信。鉴定意见并不具有当然的被采信性，辩护律师要大胆质疑，要依法审查。

（二）对存疑的鉴定意见，该提重新鉴定的，要能提尽提

鉴于司法鉴定是由控方垄断的一项取证活动，特别是在侦查阶段，尽管法律规定侦查机关应当将用作证据的鉴定意见告知犯罪嫌疑人、被告人，如果他们提出申请，可以补充鉴定或者重新鉴定。但是因他们看不到鉴定意见，无从提出有效质疑，很难达到重新或补充鉴定的结果。

辩护人在审查起诉或审判鉴定阶段，通过阅卷看到鉴定意见，虽然未能进入鉴定过程中，但可结合专业知识和司法鉴定引用的鉴定依据，进行有效质疑。

从司法实践看,经申请启动的重新或补充鉴定,还要经过司法机关的审查,认为"必要时"才可以启动。

如果辩护律师认为符合"必要"条件,应当及时提出申请。申请书重点强调符合重新鉴定或补充鉴定的法定情形,已经达到"必要"条件。如果可能,可以自行委托专家制作一份鉴定意见,以增加启动的砝码。

(三)最后一招,申请专家辅助人和司法鉴定人员出庭作证

让专家对专家,专家辅助人可以对鉴定人作出的鉴定意见提出意见。

文书范例

<h3 style="text-align:center">重新鉴定、勘验申请书</h3>

(_____涉嫌_____罪一案)

申请人:_____律师事务所_____律师,系犯罪嫌疑人_____的辩护人。

联系方式:_____

申请事项:

请求_____公安机关/检察院/人民法院对_____鉴定意见(或勘验报告)重新鉴定(或勘验)。

申请理由:

申请人作为_____(委托人姓名与案由)案_____(当事人姓名)委托的辩护人(或诉讼代理人),认为关于_____鉴定意见(或勘验报告)存在以下问题:_____。

(注:对于鉴定,重点阐述案涉鉴定存在公安部《公安机关鉴定规则》第42条、第43条,司法部《司法鉴定程序通则》第30条、第31条或《人民检察院鉴定规则(试行)》第17条、第18条有关需要补充或重新鉴定的法定情形;对于勘验,重点阐述有关违反《公安机关办理刑事案件程序》及《公安机关刑事案件现场勘验检查规则》有关现场勘验的情形)

申请人根据《中华人民共和国刑事诉讼法》第一百四十八条的规定,申请重新鉴定(或勘验),请予以同意。

此致
_____公安机关/检察院/人民法院

申请人：_____（签名）
____年____月____日

【说明】
本文书根据《刑事诉讼法》第 148 条的规定制作。
本文书可通过改写用于申请补充鉴定。

法律依据

一、直接依据

《刑事诉讼法》

第一百四十八条　侦查机关应当将用作证据的鉴定意见告知犯罪嫌疑人、被害人。如果犯罪嫌疑人、被害人提出申请，可以补充鉴定或者重新鉴定。

二、其他依据

1.《人民检察院刑事诉讼规则》第 218～221 条

2.《最高人民法院关于适用〈中华人民共和国刑事诉讼法〉的解释》第 97、98、102、103 条

3.《公安机关办理刑事案件程序规定》第 213～216、254、255 条

4.《司法鉴定程序通则》第 30～32 条

5.《公安机关鉴定规则》第 42～44 条

6.《人民检察院鉴定规则（试行）》第 17、18 条

7.《公安机关刑事案件现场勘验检查规则》第 24、28～39 条

十二、非法证据排除申请书

（申请排除非法证据用）

文书简介

非法证据排除申请书，是指犯罪嫌疑人、被告人及其辩护人对刑事诉讼中侦查机关及其工作人员使用非法手段取得的证据申请排除的文书。

实务要点

众所周知，实务中由于一些司法工作人员主观存在"重实体、轻程序"、"重证明力、轻证据能力"以及"重打击犯罪、轻保障人权"等错误司法理念，以及迫于认定非法证据后追责问题的压力，导致非法证据排除启动难，认定更难。于是辩护人启动排除非法证据的申请。申请书的书写，应紧扣法律、司法解释关于强制排除、裁量排除的法定情形，以及按照《刑事诉讼法》第 58 条第 2 款、《最高人民法院关于适用〈中华人民共和国刑事诉讼法〉的解释》第 127 条关于申请排除非法证据应当提供涉嫌非法取证的人员、时间、地点、方式、内容等相关线索或者材料。

归纳一下，注意事项有：

1. 重点对相关证据的合法性进行质疑，但应兼顾对于证据真实性的简要论述。

2. 作为要件式申请：根据法定要件进行。

3. "排非"对象包括：具体证据名称、页码。如对于讯问笔录，写明第几份讯问笔录，第几页。

4. 述明来源、内容、证明对象；具体可以是卷内证据、申请调取的证据、自行收集的证据,如专门的会见笔录。

5. 清晰论证排除非法证据的法律理由。如写明法律禁止刑讯逼供、要求讯问时侦查人员不少于 2 人、取证地点违法等。

6. 把握"排非"的最佳时机——审查逮捕、审查起诉阶段;能早提,不晚提。根据《刑事诉讼法》第 57 条、第 59 条的规定,检察机关有法律监督之责,同时也有公诉时证明证据合法性义务。检察官员额制后,他们也不愿意为侦查人员的违法"背锅"。越早提,难度会相对小。

7. 能提,则尽提。尽管所提排除证据可能不被排除,但也会引起司法机关的注意,或许换来量刑的空间。

文书范例

<h2 style="text-align:center">非法证据排除申请书</h2>

(_____涉嫌_____罪一案)

申请人:_____律师事务所_____律师,系犯罪嫌疑人_____的辩护人。

联系方式:_____

申请事项:

申请排除下列非法证据,不作为支持案件公诉的证据材料,明细如下:

_____

_____。

事实和理由:

_____

_____。

申请排除此份证据的相关线索、材料有:

_____

_____。

基于上述事实和理由,根据《中华人民共和国刑事诉讼法》第_____条之规定,申请贵院排除上述非法证据,不能作为认定事实的依据。

请予准许。
此致
_____人民检察院/人民法院

申请人：_____
____年____月____日

【说明】
本文书是依据《刑事诉讼法》第 56 条第 1 款的规定制作的。

法律依据

一、直接依据
《刑事诉讼法》
第五十六条第一款前半段 采取刑讯逼供等非法方法收集的犯罪嫌疑人、被告人供述和采用暴力、威胁等非法方法收集的证人证言、被害人陈述应当予以排除。

二、其他依据
（一）对言词证据的排除
1. 对言词证据的强制性排除。
（1）对被告人、犯罪嫌疑人的供述的强制排除。
①《最高人民法院关于适用〈中华人民共和国刑事诉讼法〉的解释》第 94、95、123、124 条
②《人民检察院刑事诉讼规则》第 67、68 条
③《最高人民法院、最高人民检察院、公安部、国家安全部、司法部关于办理刑事案件严格排除非法证据若干问题的规定》第 2～5 条
④《人民法院办理刑事案件排除非法证据规程（试行）》第 1、26 条
⑤《最高人民法院、最高人民检察院、公安部、国家安全部、司法部关于办理死刑案件审查判断证据若干问题的规定》第 19、20 条
⑥《公安机关办理刑事案件程序规定》第 71 条
⑦《最高人民法院关于建立健全防范刑事冤假错案工作机制的意见》"二、严格执行法定证明标准，强化证据审查机制"

⑧《最高人民法院、最高人民检察院、公安部、国家安全部、司法部关于推进以审判为中心的刑事诉讼制度改革的意见》第 4、5 条

(2) 对证人证言、被害人陈述的强制排除。

①《最高人民法院、最高人民检察院、公安部、国家安全部、司法部关于办理刑事案件严格排除非法证据若干问题的规定》第 6 条

②《人民法院办理刑事案件排除非法证据规程(试行)》第 2 条

③《最高人民法院、最高人民检察院、公安部、国家安全部、司法部关于办理死刑案件审查判断证据若干问题的规定》第 12、13、15、17 条

④《最高人民法院关于适用〈中华人民共和国刑事诉讼法〉的解释》第 89、125 条

⑤《人民检察院刑事诉讼规则》第 66、69 条

2. 对言词证据的裁量排除。

(1) 对被告人供述的裁量排除。

①《最高人民法院、最高人民检察院、公安部、国家安全部、司法部关于办理刑事案件严格排除非法证据若干问题的规定》第 1、9 条

②《中央政法委关于切实防止冤假错案的规定》第 1 条

③《最高人民法院关于建立健全防范刑事冤假错案工作机制的意见》第 8 条第 2 款

④《最高人民法院关于适用〈中华人民共和国刑事诉讼法〉的解释》第 95 条

⑤《最高人民法院、最高人民检察院、公安部、国家安全部、司法部关于办理死刑案件审查判断证据若干问题的规定》第 21 条

(2) 对证人证言、被害人陈述的裁量排除。

①《最高人民法院、最高人民检察院、公安部、国家安全部、司法部关于办理死刑案件审查判断证据若干问题的规定》第 14 条

②《最高人民法院关于适用〈中华人民共和国刑事诉讼法〉的解释》第 90、92 条

(二) 对非法收集的物证、书证排除

1. 对物证、书证强制排除。

(1)《最高人民法院、最高人民检察院、公安部、国家安全部、司法部关于办理刑事案件严格排除非法证据若干问题的规定》第 7 条

(2)《人民法院办理刑事案件排除非法证据规程(试行)》第 3 条

(3)《最高人民法院关于适用〈中华人民共和国刑事诉讼法〉的解释》第126条

2. 对物证、书证裁量排除。

(1)《最高人民法院、最高人民检察院、公安部、国家安全部、司法部关于办理死刑案件审查判断证据若干问题的规定》第8、9条

(2)《人民检察院刑事诉讼规则》第70条

(3)《公安机关办理刑事案件程序规定》第71条

(三)对非法证据排除的其他相关法律法规、行业规范

1.《刑事诉讼法》第57条

2.《最高人民法院、最高人民检察院、公安部、国家安全部、司法部关于依法保障律师执业权利的规定》第23条

3.《公安部关于规范和加强看守所管理确保在押人员身体健康的通知》第5、7条

4.《律师办理刑事案件规范》第72、96条

(四)《刑事审判参考》非法证据排除部分相关案例

1. 褚明剑受贿案(第823号)

2. 刘晓鹏、罗永全贩卖毒品案(第869号)

3. 邢某、吴某故意杀人案(第926号)

4. 李刚、李飞贩卖毒品案(第971号)

5. 王志余、秦群英容留卖淫案(第972号)

6. 文某非法持有毒品案(第1038号)

7. 李志周运输毒品案(第1039号)

8. 尹某受贿案(第1040号)

9. 郑祖文贪污、受贿、滥用职权案(第1140号)

10. 吴毅、朱蓓娅贪污案(第1141号)

11. 郑建昌故意杀人案(第1164号)

12. 黄金东受贿、陈玉军行贿案(第1165号)

13. 王平受贿案(第1166号)

14. 黄志坚等贩卖、运输毒品案(第1167号)

15. 杨增龙故意杀人案(第1168号)

16. 李继轩等贩卖、运输毒品案(第1249号)

十三、调取及复制同步录音录像申请书

（申请调取、复制讯问同步录音录像）

文书简介

调取及复制同步录音录像申请书，专指辩护律师在申请非法证据排除后，针对公诉机关未移送讯问同步录音录像的情况下，向人民法院提出通知公诉机关移送上述讯问被告人时的同步录音录像的申请文书。

实务要点

（一）申请调取讯问同步录音录像的现状

实务中，通常监察机关或侦查机关对于讯问同步录音录像不移送检察机关、人民法院。当辩护律师向人民法院提出要求调取讯问同步录音录像时，审判人员经常以"检察机关未将讯问同步录音录像作为证据，法院也没有，无法给辩护律师提供，建议向检察机关提出"予以回复。调取现状不乐观。

（二）有效调取的经验

当辩护律师经过阅卷和会见当事人核对后，确信存在对被告人采用刑讯逼供或者冻、饿、晒、烤、疲劳审讯等非法方法收集讯问笔录的，就需要通过讯问同步录音录像来验证存在非法取证，此时有必要申请。

申请前应当已经申请非法证据排除，或以非法证据排除为前提，同时提出调取讯问同步录音录像。

撰写调取讯问同步录音录像申请时，重点突出：(1)该案属于应当录音录像的法定情形，且监察机关、侦查机关已录制；(2)该证据材料与证据收集的合法性有关,有调取的必要,法院应当予以调取。

(三)何时提出《调取及复制同步录音录像申请书》

在提出此申请书前,应当已经申请非法证据排除,或以非法证据排除为前提,同时提出调取讯问同步录音录像。

文书范例

<h3 align="center">调取及复制同步录音录像申请书</h3>

申请人:____,_____律师事务所律师,系被告人_____的辩护人。

联系地址和电话:_____

申请事项:

调取并准许复制被告人涉嫌_____案在侦查阶段第__次被讯问的同步录音录像。对应侦查卷宗第__卷第__页至第__页,时间为____年__月__日__时__分至____年__月__日__时__分对被告人____进行讯问形成的讯问笔录。

事实和理由:

申请人系____被指控____案的被辩护人,该案已由贵院受理。因本案有证据或者线索证明当事人受到刑讯逼供,辩护人业已提出非法证据排除申请。又因公诉机关的量刑建议在十年以上(或无期徒刑、死刑),且至今未随案移送讯问被告人的同步录音录像。

辩护人认为,本案已属于重大犯罪案件,应当对讯问过程进行录音录像,且侦查机关也已录制了同步讯问录音录像。按照"讯问笔录记载的内容与讯问录音录像存在实质性差异的,以讯问录音录像为准"的规定,对于办案机关收集但未提交的讯问录音录像,其与证据收集的合法性当然有关,直接关乎证据是否属于非法证据以及是否排除的问题。

鉴于此,辩护人根据《刑事诉讼法》第四十条、第四十一条、第一百二十三条以及《律师法》第三十四条之规定,特申请法院调取,请贵院依法通知人民检察院在指定时间内将上述同步录音录像移送贵院。并允许辩护律师复制被告人在侦查阶段的上述同步录音录像。

此致

_____市中级人民法院

申请人：_____
____年____月____日

📋 法律依据

1.《刑事诉讼法》第 123 条

2.《最高人民法院关于适用〈中华人民共和国刑事诉讼法〉的解释》第 74 条

3.《人民法院办理刑事案件排除非法证据规程（试行）》第 21 条

4.《最高人民检察院关于适用〈关于办理死刑案件审查判断证据若干问题的规定〉和〈关于办理刑事案件排除非法证据若干问题的规定〉的指导意见》第 13 条

5.《最高人民法院关于建立健全防范刑事冤假错案工作机制的意见》第 8 条

6.《最高人民法院、最高人民检察院、公安部、国家安全部、司法部关于办理刑事案件严格排除非法证据若干问题的规定》第 10 条

7.《公安机关讯问犯罪嫌疑人录音录像工作规定》第 4～6 条

第三章
立案、侦查和提起公诉阶段程序性文书

一、提请立案监督申请书

（被害人或行政执法机关提请立案监督申请用）

文书简介

提请立案监督申请书，是指被害人及其法定代理人、近亲属或者行政执法机关，认为公安机关对应予立案侦查的案件不予立案，而向有立案监督权的人民检察院提请立案监督的救济性文书。

实务要点

律师受托作为投诉人的代理人介入立案监督，实务中需要注意如下事项：

1. 要确定准确的被申请人主体以及有立案监督权的检察院。

2. 要对清楚案件事实，依法判断案件是否确实属于应对追究刑事责任，需要侦查立案，对案件作出准确评估。

3. 搞清该公安机关对投诉是否有管辖权，以及该公安机关是否已经作出不立案决定；是受理后尚未作出不予立案决定，还是已经送达不立案决定；针对公安机关已经作出不予立案决定，认为应当立案的，应当及时提出提请立案监督申请书。

4. 要将投诉人提供的投诉书及证据材料进行梳理，制作规范的证据目录并后附证据材料。在提起立案监督时，一并作为申请书的附件提交，便于检察院及时作出判断。

文书范例

提请对____控告_____一案进行立案监督申请书

申请人：_____，_____律师事务所律师，为_____的代理人。

联系电话：_____

被申请人：_____公安局

申请事项：

请求监督被申请人对_____涉嫌_____案依法立案侦查。

事实和理由：

事实：_____。

（注：写清发生的犯罪事实）

理由：_____。

（注：阐述理由时应当确需追究刑事责任，且属于被投诉的公安机关管辖，公安机关未作出或作出了不立案决定，其行为已违反法律规定）

综上，申请人受_____之委托作为其代理人，现根据《中华人民共和国刑事诉讼法》第一百一十三条及《最高人民检察院、公安部关于刑事立案监督有关问题的规定》第四条的规定，特依法向贵院提起立案监督申请，望贵院能查明事实，依法监督被申请人立案侦查。

此致

_____人民检察院

申请人：_____

____年____月____日

【说明】

本文书是根据《刑事诉讼法》第113条及《最高人民检察院、公安部关于刑事立案监督有关问题的规定（试行）》第4条的规定制作的。

法律依据

一、直接依据

1.《刑事诉讼法》

第一百一十三条　人民检察院认为公安机关对应当立案侦查的案件而不立案侦查的,或者被害人认为公安机关对应当立案侦查的案件而不立案侦查,向人民检察院提出的,人民检察院应当要求公安机关说明不立案的理由。人民检察院认为公安机关不立案理由不能成立的,应当通知公安机关立案,公安机关接到通知后应当立案。

2.《最高人民检察院、公安部关于刑事立案监督有关问题的规定(试行)》

第三条　公安机关对于接受的案件或者发现的犯罪线索,应当及时进行审查,依照法律和有关规定作出立案或者不予立案的决定。

公安机关与人民检察院应当建立刑事案件信息通报制度,定期相互通报刑事发案、报案、立案、破案和刑事立案监督、侦查活动监督、批捕、起诉等情况,重大案件随时通报。有条件的地方,应当建立刑事案件信息共享平台。

第四条　被害人及其法定代理人、近亲属或者行政执法机关,认为公安机关对其控告或者移送的案件应当立案侦查而不立案侦查,向人民检察院提出的,人民检察院应当受理并进行审查。

人民检察院发现公安机关可能存在应当立案侦查而不立案侦查情形的,应当依法进行审查。

二、其他依据

1.《最高人民法院、最高人民检察院、公安部、国家安全部、司法部、全国人大常委会法工委关于实施刑事诉讼法若干问题的规定》第18条

（注:本立法解释中"《刑事诉讼法》第一百一十一条"实为现行《刑事诉讼法》第113条）

2.《最高人民检察院、公安部关于刑事立案监督有关问题的规定(试行)》第3、5～13条

二、撤销案件申请书

（撤销刑事案件用）

文书简介

撤销案件申请书是侦查机关依法对不应当追究犯罪嫌疑人刑事责任、犯罪嫌疑人不负刑事责任或者已经死亡的案件，本应进行撤销而未予以撤销的情形下，由受托律师申请要求撤销案件的文书。

实务要点

实务中，以下三类案件因争议较少公安机关一般都能依法及时撤案：(1)犯罪嫌疑人、被告人死亡的；(2)经特赦令免除刑罚的；(3)依照《刑法》告诉才处理的犯罪，没有告诉或者撤回告诉。

以下情形，需要律师注意：

（一）对于"情节显著轻微、危害不大，不认为是犯罪的"这一情形

1. 尽量检索到具体适用的司法解释或司法政策作为交涉依据。

办案人员由于认知不同，对此情形往往存在争议。对此，刑辩律师对涉案罪名，应尽量检索到具体适用的司法解释或司法政策，作为交涉依据。如最高人民法院、最高人民检察院《关于办理非法利用信息网络、帮助信息网络犯罪活动等刑事案件适用法律若干问题的解释》第15条的规定，"综合考虑社会危害程度、认罪悔罪态度等情节，认为犯罪情节轻微的，可以不起诉或者免予刑事处罚；情节显著轻微危害不大的，不以犯罪论处"。关于相关这类"不认为是犯罪的"具体罪名的司法解释，可参见本书的"建议不移送起诉的辩护意见"中关于不起诉司法解释的汇总。

2. 在无具体司法解释或司法政策时,可引用最高人民法院公报案例或《刑事审判参考》类案案例。

如《最高人民法院公报》张美华伪造居民身份证案,认定为"被告人在未能补办遗失居民身份证的情况下,雇佣他人以本人的真实身份资料伪造居民身份证,供自己在日常生活中使用的行为,虽然违反身份证管理的法律规定,但情节显著轻微,危害不大,根据《刑法》第 13 条的规定,应认定为不构成犯罪"。

3. 善用法理。

鉴于目前"情节显著轻微、危害不大,不认为是犯罪"并未覆盖全部已有发布罪名的司法解释或司法政策中,所以律师在没有司法解释、司法政策、典型案例的情形下,交涉时可适用法理作为根据。就"情节"而言,可从犯罪主观心理状态、犯罪目的、犯罪动机、犯罪时间、地点、手段,危害结果的严重程度,行为人的年龄、身份、精神状况等阐述;就"显著轻微"而言,可从法益侵害的程度小的角度阐述。就"危害不大"而言,可从犯罪构成整体性评价"可罚性不大"。应强调不能因为没有司法解释或司法政策的规定,就不予认定属于"情节显著轻微危害不大"。

(二)对于"犯罪已过追诉时效期限"这一情形

按照《刑法》第 87 条的规定,犯罪经过下列期限不再追诉:(1)法定最高刑为不满 5 年有期徒刑的,追诉时效的期限为 5 年;(2)法定最高刑为 5 年以上不满 10 年有期徒刑的,追诉时效的期限为 10 年;(3)法定最高刑为 10 年以上有期徒刑的,追诉时效的期限为 15 年;(4)法定最高刑为无期徒刑、死刑的,追诉时效的期限为 20 年。如果 20 年后认为必须追诉的,须报请最高人民检察院核准后,仍然可以追诉。如案件却已超过追诉时效,可要求撤销案件。

这里要注意的是,要考虑委托案件是否存在追诉时效中断和追诉时效延长的问题。关于追诉时效中断,可参见《刑法》第 89 条第 2 款的规定:在追诉期限以内又犯罪的,前罪追诉的期限从后罪成立之日起计算。即在追诉期限以内又犯罪的,前罪的追诉时效便中断,其追诉时效从后罪成立之日起重新计算。关于追诉时效延长,可参见《刑法》第 88 条第 1 款"在人民检察院、公安机关、国家安全机关立案侦查或者在人民法院受理案件以后,逃避侦查或者审判的,不受追诉期限的限制"和《刑法》第 88 条第 2 款"被害人在追诉期限内提出控告,人民法院、人民检察院、公安机关应当立案而不予立案的,不受追诉期限的限制"的规定。

(三)关于"其他法律规定免予追究刑事责任"这一兜底条款情形

对该兜底条款的进一步说明,散见于相关司法解释或行政法规中。如《人民检察院刑事诉讼规则》第 242 条第 1 款 1 项规定"没有犯罪事实的,或者依照刑法规定不负刑事责任或者不是犯罪的"及第 2 项规定"虽有犯罪事实,但不是犯罪嫌疑人所为的"。如著名的"亡者归来"案件——赵作海案、佘祥林案,如果在公安侦查环节,认定非二人所为,即应撤销案件;但鉴于案件进入审判阶段,故判决无罪释放。又如《关于公安机关办理经济犯罪案件的若干规定》第 25 条第 1 项"对犯罪嫌疑人解除强制措施之日起十二个月以内,仍然不能移送审查起诉或者依法作其他处理的"、第 2 项"对犯罪嫌疑人未采取强制措施,自立案之日起二年以内,仍然不能移送审查起诉或者依法作其他处理的"、第 3 项"人民检察院通知撤销案件的"的规定,公安机关发现后应当及时撤销案件。如有前款第 1 项、第 2 项的情形,但是有证据证明有犯罪事实需要进一步侦查的,需要经省级以上公安机关负责人批准,可以不撤销案件、继续侦查,否则违法。

(四)撤销案件申请书提出时间

撤销案件申请书的提交应为辩护律师审查案件后。确信符合上述情形的,应当及时向公安司法机关提出。

文书范例

对_____一案的撤销案件申请书

申请人:_____律师事务所____律师,系____的委托辩护律师。

申请事项:撤销对_____的刑事案件。

申请事实和理由:

具体事实:_____。

具体理由:_____。

(注:写贵局/贵院办理的_____案件,因_____存在不应当追究犯罪嫌疑人刑事责任/犯罪嫌疑人不负刑事责任/已经死亡的案件,根据《中华人民共和国刑事诉讼法》第_____条的规定,应当撤销此案。

如有符合返还涉及查封、扣押、冻结合法涉案财物的,应提出予以解除查封、扣押、冻结,予以返还犯罪嫌疑人/或其合法继承人)

请依据上述规定,请贵局/贵院予以撤销案件并通知本人及申请人。

此致

_____公安局/人民检察院

申请人：_____

____年____月____日

【说明】

本文书是根据《刑事诉讼法》第 16 条、第 163 条，以及相关司法解释或部门规则的规定制作的。

法律依据

一、直接依据

《刑事诉讼法》

第十六条　有下列情形之一的，不追究刑事责任。已经追究的，应当撤销案件。或者不起诉，或者终止审理，或者宣告无罪：

（一）情节显著轻微、危害不大，不认为是犯罪的；

（二）犯罪已过追诉时效期限的；

（三）经特赦令免除刑罚的；

（四）依照刑法告诉才处理的犯罪，没有告诉或者撤回告诉的；

（五）犯罪嫌疑人、被告人死亡的；

（六）其他法律规定免予追究刑事责任的。

第一百六十三条　在侦查过程中，发现不应对犯罪嫌疑人追究刑事责任的，应当撤销案件；犯罪嫌疑人已被逮捕的，应当立即释放，发给释放证明，并且通知原批准逮捕的人民检察院。

二、其他依据

1.《人民检察院刑事诉讼规则》第 242~253 条

2.《公安机关办理刑事案件程序规定》第 186 条

3.《最高人民检察院、公安部关于公安机关办理经济犯罪案件的若干规定》第 18、25 条

三、不提请批准逮捕的辩护意见

（侦查提请逮捕前用）

文书简介

不提请批准逮捕的辩护意见，是针对侦查机关认为有证据证明有犯罪事实且有逮捕必要的犯罪嫌疑人，预提请同级人民检察院批准逮捕之前，由辩护人向公侦查机关提出犯罪嫌疑人并不符合逮捕条件或没有必要逮捕的申请文书。

实务要点

鉴于该文书直接针对侦查机关预制作的《提请批准逮捕书》，意图说服侦查机关不再对犯罪嫌疑人提请批准逮捕的辩护文书，因此制作时需要注意以下事项：

（一）依照法律规定阐述不符合逮捕条件

除应论证不符合《刑事诉讼法》第 81 条规定的应当予以逮捕的情形外，具体还应当按照《公安机关办理刑事案件程序规定》及《公安机关执法细则（第三版）》有关逮捕的条件，对照案情，进行细化。

需要强调的是，2015 年 10 月 9 日最高人民检察院、公安部联合下发的《关于逮捕社会危险性条件若干问题的规定（试行）》强调，是否具备社会危险性条件是检察机关审查逮捕时考量的重要因素。所以，在文书写作中，要重点突出犯罪嫌疑人不具有社会危险性，并用证据予以量化，从而让侦查机关感到即使提请批准逮捕，通过检察院批准的难度很大或几乎没有希望，从而争取达到听取辩护意见被采纳的效果。

（二）注意提交本辩护意见的时间

提交时间一定是在侦查机关欲制作的《提请批准逮捕书》之前。

《刑事诉讼法》第 91 条规定,"公安机关对被拘留的人,认为需要逮捕的,应当在拘留后的三日以内,提请人民检察院审查批准。在特殊情况下,提请审查批准的时间可以延长一日至四日。对于流窜作案、多次作案、结伙作案的重大嫌疑分子,提请审查批准的时间可以延长至三十日"。根据此规定,提交本辩护意见的时间,可分为在 3 日或 3~7 日之前,以及 30 日之前,两个时间段。所以辩护律师要密切跟进案件进展,关注时间节点,根据案情,作出提前提交的辩护意见。

文书范例

不提请批准逮捕的辩护意见

(_____涉嫌_____罪一案)

[_____]____第_____号

_____公安局:

_____律师事务所依法接受犯罪嫌疑人_____家属的委托,指派我作为涉嫌_____罪一案的辩护人。通过会见犯罪嫌疑人,结合本案事实和相关证据,提出辩护意见如下:

辩护人认为:本案犯罪嫌疑人不符合逮捕的法定条件,请不予作出提请批准逮捕。

具体理由如下:

_____。

(注:如写明无证据证明犯罪嫌疑人有犯罪事实,不符合可能判处徒刑以上刑罚,不具有社会危险性,或采取取保候审足以防止发生法定社会危险性的情形;或取保候审、监视居住期间不存在违反取保候审、监视居住规定,且情节严重的情形;或虽有证据证明有犯罪事实,但不可能判处 10 年有期徒刑以上刑罚的,或者虽有证据证明有犯罪事实,可能判处徒刑以上刑罚,但不存在曾经故意犯罪或者身份不明的情形。论证出犯罪嫌疑人不符合提请批准逮捕的条件)

综上,辩护人恳请贵局对犯罪嫌疑人作出不予提请批准逮捕的决定。

此致

_____公安局

辩护人：_____律师
____年____月____日

【说明】

本文书是根据《刑事诉讼法》第87条及《公安机关办理刑事案件程序规定》第六章第五节有关逮捕的相关规定制作的。

法律依据

一、直接依据

1.《刑事诉讼法》

第八十七条　公安机关要求逮捕犯罪嫌疑人的时候，应当写出提请批准逮捕书，连同案卷材料、证据，一并移送同级人民检察院审查批准。必要的时候，人民检察院可以派人参加公安机关对于重大案件的讨论。

2.《公安机关办理刑事案件程序规定》

第一百三十三条　对有证据证明有犯罪事实，可能判处徒刑以上刑罚的犯罪嫌疑人，采取取保候审尚不足以防止发生下列社会危险性的，应当提请批准逮捕：

（一）可能实施新的犯罪的；

（二）有危害国家安全、公共安全或者社会秩序的现实危险的；

（三）可能毁灭、伪造证据，干扰证人作证或者串供的；

（四）可能对被害人、举报人、控告人实施打击报复的；

（五）企图自杀或者逃跑的。

对于有证据证明有犯罪事实，可能判处十年有期徒刑以上刑罚的，或者有证据证明有犯罪事实，可能判处徒刑以上刑罚，曾经故意犯罪或者身份不明的，应当提请批准逮捕。

公安机关在根据第一款的规定提请人民检察院审查批准逮捕时，应当对犯罪嫌疑人具有社会危险性说明理由。

第一百三十四条　有证据证明有犯罪事实，是指同时具备下列情形：

（一）有证据证明发生了犯罪事实的；

（二）有证据证明该犯罪事实是犯罪嫌疑人实施的；

（三）证明犯罪嫌疑人实施犯罪行为的证据已有查证属实的。

前款规定的"犯罪事实"既可以是单一犯罪行为的事实,也可以是数个犯罪行为中任何一个犯罪行为的事实。

第一百三十五条　被取保候审人违反取保候审规定,具有下列情形之一的,可以提请批准逮捕:

（一）涉嫌故意实施新的犯罪行为的;

（二）有危害国家安全、公共安全或者社会秩序的现实危险的;

（三）实施毁灭、伪造证据或者干扰证人作证、串供行为,足以影响侦查工作正常进行的;

（四）对被害人、举报人、控告人实施打击报复的;

（五）企图自杀、逃跑,逃避侦查的;

（六）未经批准,擅自离开所居住的市、县,情节严重的,或者两次以上未经批准,擅自离开所居住的市、县的;

（七）经传讯无正当理由不到案,情节严重的,或者经两次以上传讯不到案的;

（八）违反规定进入特定场所、从事特定活动或者与特定人员会见、通信两次以上的。

第一百三十六条　被监视居住人违反监视居住规定,具有下列情形之一的,可以提请批准逮捕:

（一）涉嫌故意实施新的犯罪行为的;

（二）实施毁灭、伪造证据或者干扰证人作证、串供行为,足以影响侦查工作正常进行的;

（三）对被害人、举报人、控告人实施打击报复的;

（四）企图自杀、逃跑,逃避侦查的;

（五）未经批准,擅自离开执行监视居住的处所,情节严重的,或者两次以上未经批准,擅自离开执行监视居住的处所的;

（六）未经批准,擅自会见他人或者通信,情节严重的,或者两次以上未经批准,擅自会见他人或者通信的;

（七）经传讯无正当理由不到案,情节严重的,或者经两次以上传讯不到案的。

第一百三十七条　需要提请批准逮捕犯罪嫌疑人的,应当经县级以上公安机关负责人批准,制作提请批准逮捕书,连同案卷材料、证据,一并移送同级人民检察院审查批准。

犯罪嫌疑人自愿认罪认罚的,应当记录在案,并在提请批准逮捕书中写明有关情况。

第一百三十八条 对于人民检察院不批准逮捕并通知补充侦查的,公安机关应当按照人民检察院的补充侦查提纲补充侦查。

公安机关补充侦查完毕,认为符合逮捕条件的,应当重新提请批准逮捕。

第一百三十九条 对于人民检察院不批准逮捕而未说明理由的,公安机关可以要求人民检察院说明理由。

第一百四十条 对于人民检察院决定不批准逮捕的,公安机关在收到不批准逮捕决定书后,如果犯罪嫌疑人已被拘留的,应当立即释放,发给释放证明书,并在执行完毕后三日以内将执行回执送达作出不批准逮捕决定的人民检察院。

第一百四十一条 对人民检察院不批准逮捕的决定,认为有错误需要复议的,应当在收到不批准逮捕决定书后五日以内制作要求复议意见书,报经县级以上公安机关负责人批准后,送交同级人民检察院复议。

如果意见不被接受,认为需要复核的,应当在收到人民检察院的复议决定书后五日以内制作提请复核意见书,报经县级以上公安机关负责人批准后,连同人民检察院的复议决定书,一并提请上一级人民检察院复核。

第一百四十二条 接到人民检察院批准逮捕决定书后,应当由县级以上公安机关负责人签发逮捕证,立即执行,并在执行完毕后三日以内将执行回执送达作出批准逮捕决定的人民检察院。如果未能执行,也应当将回执送达人民检察院,并写明未能执行的原因。

第一百四十三条 执行逮捕时,必须出示逮捕证,并责令被逮捕人在逮捕证上签名、捺指印,拒绝签名、捺指印的,侦查人员应当注明。逮捕后,应当立即将被逮捕人送看守所羁押。

执行逮捕的侦查人员不得少于二人。

第一百四十四条 对被逮捕的人,必须在逮捕后的二十四小时以内进行讯问。发现不应当逮捕的,经县级以上公安机关负责人批准,制作释放通知书,送看守所和原批准逮捕的人民检察院。看守所凭释放通知书立即释放被逮捕人,并发给释放证明书。

第一百四十五条 对犯罪嫌疑人执行逮捕后,除无法通知的情形以外,应当在逮捕后二十四小时以内,制作逮捕通知书,通知被逮捕人的家属。逮捕通知书应当写明逮捕原因和羁押处所。

本条规定的"无法通知"的情形适用本规定第一百一十三条第二款的规定。

无法通知的情形消除后,应当立即通知被逮捕人的家属。

对于没有在二十四小时以内通知家属的,应当在逮捕通知书中注明原因。

第一百四十六条 人民法院、人民检察院决定逮捕犯罪嫌疑人、被告人的,由县级以上公安机关凭人民法院、人民检察院决定逮捕的法律文书制作逮捕证并立即执行。必要时,可以请人民法院、人民检察院协助执行。执行逮捕后,应当及时通知决定机关。

公安机关未能抓获犯罪嫌疑人、被告人的,应当将执行情况和未能抓获的原因通知决定逮捕的人民检察院、人民法院。对于犯罪嫌疑人、被告人在逃的,在人民检察院、人民法院撤销逮捕决定之前,公安机关应当组织力量继续执行。

第一百四十七条 人民检察院在审查批准逮捕工作中发现公安机关的侦查活动存在违法情况,通知公安机关予以纠正的,公安机关应当调查核实,对于发现的违法情况应当及时纠正,并将纠正情况书面通知人民检察院。

二、其他依据

1.《刑事诉讼法》第 81 条

2.《公安机关执法细则(第三版)》第 34 – 01 条

3.《最高人民检察院、公安部关于逮捕社会危险性条件若干问题的规定(试行)》第 2 ~ 10 条

4.《律师办理刑事案件规范》第 211 条

四、建议检察机关作出不批准逮捕决定的辩护意见

(检察院审查批准逮捕前用)

文书简介

建议检察机关作出不批准逮捕决定的辩护意见,是指辩护人针对公安机关向人民检察院提请逮捕犯罪嫌疑人的请求,从抗辩角度提出犯罪嫌疑人不符合应当

作出逮捕或可以逮捕的法定情形,应对其作出不批准逮捕决定的辩护意见。

实务要点

要想成功达到不批准逮捕、变更强制措施的效果,笔者认为起草辩护意见时,需注意以下几点:

1. 先对案件事实进行甄别,对不批准逮捕类型进行分类,然后按照分类对照案情,适用"大逻辑—小逻辑—结论"三段论,进行书写论证。

经梳理可分四类:

(1)不构成犯罪的不批准逮捕(绝对不批准逮捕)。

可细分为:①现有的证据不能证明由犯罪事实发生或不能证明由犯罪嫌疑人所实施;②犯罪嫌疑人的行为符合《刑事诉讼法》第 16 条规定的情节显著轻微、危害不大,不认为是犯罪的等其他法律规定免予追究刑事责任的。

(2)事实不清、证据不足的,不批准逮捕(存疑不批准逮捕)。

侦查机关侦查的现有证据尚未达到证明有犯罪事实发生的证明标准,即不能同时满足:"有证据证明发生了犯罪事实;有证据证明该犯罪事实是犯罪嫌疑人实施的;证明犯罪嫌疑人实施犯罪行为的证据已经查证属实。犯罪事实既可以是单一犯罪行为的事实,也可以是数个犯罪行为中任何一个犯罪行为的事实"。对于这样事实不清、证据不足而无法定罪的案件,如果检察院予以批捕,很可能会成为错案;要知道按照《人民检察院审查逮捕质量标准》的规定,错捕要承担案件质量责任。承办逮捕的检察官一般会对有此类情况的申请谨慎考虑的。

(3)无社会危险性或未达到法定逮捕条件(无逮捕必要性)的,不批准逮捕。

犯罪嫌疑人可能判处有期徒刑以上刑罚,但不具有《刑事诉讼法》第 81 条和《人民检察院刑事诉讼规则》第 128～133 条规定的具体危险性情形,因无社会危险性可不批准逮捕。重点对照法定社会危险性的标准,从犯罪嫌疑人的主观恶性、犯罪性质、手段、情节、人身危险性、危害后果、到案情况、认罪认罚态度、赔偿谅解等方面说明犯罪嫌疑人所实施的犯罪行为情节轻微,不具有现实的社会危险性方面进行论证。

(4)不可能判处有期徒刑以上刑罚的,不批准逮捕。

反用《刑事诉讼法》第 81 条规定,对有证据证明有犯罪事实,可能判处有期徒刑以上刑罚的犯罪嫌疑人、被告人,采取取保候审足以防止发生下列社会危险性的,可不予以逮捕。结合《人民检察院审查逮捕质量标准》第6条,重点阐述犯罪嫌疑人所涉嫌的罪名,综合全案的量刑情节后可能的宣告刑,不可能判处有期徒刑以上刑罚。

2. 要紧扣"少捕、慎诉、慎押"司法政策。

研读最高人民检察院检察委员会委员长苗生明就《如何贯彻少捕慎诉慎押刑事司法政策》接受新华社记者问,可以了解检察院在实践中,以下几类案件是适用少捕、慎诉、慎押刑事司法政策的重点:

(1)可能判处3年有期徒刑以下刑罚的轻微犯罪案件;

(2)罪行较轻的案件,如可能判处3年有期徒刑以上刑罚但系过失犯罪,初犯、偶犯,共同犯罪中的从犯、胁从犯等;

(3)犯罪嫌疑人、被告人认罪认罚,没有其他恶劣情节的案件;

(4)未成年人、老年人、在校学生、重大科研项目关键岗位的科研人员、没有社会危险性的企业经营者等,不予羁押不致产生社会危险且更符合社会公共利益的案件。

3. 要对涉案不批准逮捕难度有预估,对难度大案件,应提前将分析的风险告知委托人。

实践中,以下案件多数被批准逮捕,不批准逮捕的辩护意见被采纳的难度大:

(1)没有任何从轻或减轻情节的案件;

(2)社会影响很大、民愤很大的犯罪案件;

(3)故意杀人、贩卖运输毒品等重罪案件;

(4)同案犯在逃,尚未归案的。

4. 争取提讯机会,避免检察官简单书面审查,提高不批捕成功率。

按照《刑事诉讼法》的规定,有下列情形之一的,应当讯问犯罪嫌疑人:(1)对是否符合逮捕条件有疑问的;(2)犯罪嫌疑人要求向检察人员当面陈述的;(3)侦查活动可能有重大违法行为的。

如果辩护律师对犯罪嫌疑人是否构成犯罪以及对涉嫌罪名持有异议,检察机关只对侦查机关移送的案卷材料进行书面审查的,其可能会片面地了解案件事实。这种情况下,辩护人就可以在会见时,将对案件的辩护观点分享给犯罪嫌疑人,告知其依法有权提出向检察人员当面陈述。这样,就会形成合力,增加成功率。

文书范例

<h2 style="text-align:center">对____涉嫌____罪一案建议检察机关作出
不批准逮捕决定的辩护意见</h2>

_____人民检察院：

　　_____律师事务所依法接受犯罪嫌疑人_____家属的委托指派我作为_____涉嫌_____罪一案的辩护人。该案现已由公安局提请贵院批准逮捕。辩护人已会见_____，并与办案单位沟通案情，现辩护人结合相关法律法规、司法解释及相关指导案例，提出不予批准逮捕的辩护意见。

　　辩护人认为：

_____。

　　（注：如写明本案符合不构成犯罪、不批准逮捕的条件；符合证据不足不批准逮捕，即不符合"有证据证明有犯罪事实"的批准逮捕法定条件；犯罪嫌疑人不具有社会危险性，不符合批准逮捕条件；基于本案事实，如犯罪嫌疑人行为构成犯罪，也非常可能被判处管制、拘役，或缓刑，不符合批准逮捕条件；对犯罪嫌疑人取保候审足以防止《刑事诉讼法》第81条规定的五种法定情形发生；其他不适宜羁押的情形）

　　以上有_____证据可以证实，虽仅限于侦查阶段本辩护律师所掌握的案件事实和证据情况判断，但辩护人认为，犯罪嫌疑人_____不符合《中华人民共和国刑事诉讼法》第八十一条以及《人民检察院刑事诉讼规则》第一百二十八条之规定应当予以逮捕的情形，而应属于《人民检察院刑事诉讼规则》第一百三十九条/第一百四十条之规定，应当作出不批准逮捕或者不予逮捕的决定/可以作出不批准逮捕或者不予逮捕的决定的情形。

　　故，辩护人恳请贵院对犯罪嫌疑人作出不予批准逮捕的决定！

　　此致

　　_____人民检察院

辩护人：_____律师
____年____月____日

【说明】

本文书是根据《刑事诉讼法》第 81 条、第 88 条第 2 款等及司法解释的相关规定制作的。

法律依据

一、直接依据

《刑事诉讼法》

第八十一条 对有证据证明有犯罪事实,可能判处徒刑以上刑罚的犯罪嫌疑人、被告人,采取取保候审尚不足以防止发生下列社会危险性的,应当予以逮捕:

(一)可能实施新的犯罪的;

(二)有危害国家安全、公共安全或者社会秩序的现实危险的;

(三)可能毁灭、伪造证据,干扰证人作证或者串供的;

(四)可能对被害人、举报人、控告人实施打击报复的;

(五)企图自杀或者逃跑的。批准或者决定逮捕,应当将犯罪嫌疑人、被告人涉嫌犯罪的性质、情节、认罪认罚等情况,作为是否可能发生社会危险性的考虑因素。

对有证据证明有犯罪事实,可能判处十年有期徒刑以上刑罚的,或者有证据证明有犯罪事实,可能判处徒刑以上刑罚,曾经故意犯罪或者身份不明的,应当予以逮捕。被取保候审、监视居住的犯罪嫌疑人、被告人违反取保候审、监视居住规定,情节严重的,可以予以逮捕。

第八十八条 人民检察院审查批准逮捕,可以讯问犯罪嫌疑人;有下列情形之一的,应当讯问犯罪嫌疑人:

(一)对是否符合逮捕条件有疑问的;

(二)犯罪嫌疑人要求向检察人员当面陈述的;

(三)侦查活动可能有重大违法行为的。

人民检察院审查批准逮捕,可以询问证人等诉讼参与人,听取辩护律师的意见;辩护律师提出要求的,应当听取辩护律师的意见。

二、其他依据

1.《刑事诉讼法》第 80、89~99 条

2.《人民检察院刑事诉讼规则》第 54、128～141 条

3.《人民检察院办理羁押必要性审查案件规定(试行)》第 2～28 条

4.《最高人民检察院审查逮捕质量标准》第 1～20 条

5.《最高人民检察院、公安部关于依法适用逮捕措施有关问题的规定》

6.《最高人民检察院、公安部关于适用刑事强制措施有关问题的规定》第 31、32 条

7.《最高人民检察院、公安部关于逮捕社会危险性条件若干问题的规定(试行)》第 2～10 条

8.《最高人民检察院、中国残疾人联合会关于在检察工作中切实维护残疾人合法权益的意见》第 10 条

9.《律师办理刑事案件规范》第 68、211 条

五、羁押必要性审查申请书

（批捕后申请羁押必要性审查用）

文书简介

羁押必要性审查申请书，是指辩护人针对被逮捕的犯罪嫌疑人、被告人，向人民检察院提出有无继续羁押的必要性进行审查，并对不需要继续羁押的，请求检察机关监督办案机关予以释放或者变更强制措施的申请文书。

实务要点

要想成功取得变更强制措施，同样要谋定而后动。

（一）了解检察院羁押必要性审查案件的范围及重点，做到知己知彼

2022 年 2 月 15 日，最高人民检察院决定将 2021 年 7 月 1 日部署开展为期半

年的羁押必要性审查专项活动,延长至 2022 年 12 月 31 日。案件范围由三类重点案件扩展为全部在办羁押案件。即申请案件范围目前是全部在办羁押案件。三类重点案件是:法定刑在 3 年以下有期徒刑羁押案件、涉民营企业经营类案件、当事人申请案件。

我们要时刻关注最高司法机关的动态。

(二)了解检察院羁押必要性审查,哪些申请一般不予立案,做到有效申请

犯罪嫌疑人具有以下情形之一的,经初审后一般不予立案,但是犯罪嫌疑人、被告人患有严重疾病或者具有其他特殊法定情形不适宜继续羁押的除外:

1. 涉嫌危害国家安全犯罪、恐怖活动犯罪、黑社会性质组织犯罪、重大毒品犯罪或者其他严重危害社会的犯罪的;

2. 涉嫌故意杀人、故意伤害致人重伤或者死亡、强奸、抢劫、绑架、贩卖毒品、放火、爆炸、投放危险物质等严重破坏社会秩序犯罪或者有组织的暴力性犯罪的;

3. 涉嫌重大贪污、贿赂犯罪,或者利用职权实施的严重侵犯公民人身权利的犯罪的;

4. 系累犯或者曾因危害国家安全犯罪、恐怖活动犯罪、黑社会性质的组织犯罪、重大毒品犯罪或者其他严重危害社会的犯罪被判处刑罚的;

5. 可能判处 10 年有期徒刑以上刑罚的;

6. 系被通缉到案或者因违反取保候审、监视居住规定而被逮捕的;

7. 其他不宜立案进行羁押必要性审查的情形。

(三)重点写清申请人认为犯罪嫌疑人不需要继续羁押的理由及依据

羁押必要性审查申请书,重点阐述犯罪嫌疑人、被告人不需要继续羁押的法定理由并提供有相关有利证据或者其他材料,应紧扣最高人民检察院刑事执行检察厅《关于贯彻执行〈人民检察院办理羁押必要性审查案件规定(试行)〉的指导意见》中有关加分项,充分论述不需要继续羁押的理由。阐述不存在减分项或否决项。以达到释放或变更强制措施,不再继续羁押的效果。

为增加成功率,可以对相同罪名、相同情节的案件进行检索,如该类案大多都判处缓刑,整理出《案例检索报告》,可供检察官作为审查本案时的参考。

(四)把握申请的时间点为批捕 1 个月后的时间段,并在提交后与检察官充分沟通

《最高人民检察院刑事执行检察厅关于贯彻执行〈人民检察院办理羁押必要性审查案件规定(试行)〉的指导意见》规定,对批准逮捕或者批准延长侦查羁押期限决定不满 1 个月的案件申请羁押必要性审查的,刑事执行检察部门不予立案。申请提交后,不能坐等结果,还要预约承办检察官,当面阐释申请理由,争取得到认同。

另外,根据案件发生的变化,及时调整增加申请新亮点。如在逮捕后出现新的可能无罪的证据或者从宽情节。以故意伤害案为例,经辩护人参与,创造了新的和解事实,与被害人达成谅解;又如盗窃案件中,家属已经配合进行退赃退赔等。

文书范例

<h2 style="text-align:center">羁押必要性审查申请书</h2>

(_____涉嫌_____罪一案)

申请人:_____律师事务所_____律师,系犯罪嫌疑人_____的辩护人。

联系方式:_____

申请事项:

申请对犯罪嫌疑人_____进行羁押必要性审查,变更强制措施为取保候审。

事实和理由:

_____涉嫌_____罪于____年__月__日被刑事拘留,____年__月__日,____年__月__日被逮捕(____年__月__日被移送贵院审查起诉,____年__月__日贵院决定第一次退查),现羁押于_____看守所。

侦查机关认定:_____。

申请人_____作为_____的辩护人,根据《中华人民共和国刑事诉讼法》《人民检察院刑事诉讼规则》《人民检察院办理羁押必要性审查案件规定(试行)》的相关规定,向贵院申请对_____有无继续羁押的必要性进行立案审查。

主要理由:

_____。

具体理由:

_____。

(注:重点围绕涉嫌的犯罪事实、主观恶性、悔罪表现、身体状况、案件进展情

况、可能判处的刑罚和有无再危害社会的危险等因素,进行充分的有利阐述)

综上所述,＿＿＿＿＿＿＿＿＿＿＿＿＿＿＿＿＿。辩护律师认为:＿＿＿＿＿已经无继续羁押的必要性,建议对其变更强制措施。

此致

＿＿＿＿＿人民检察院

申请人:＿＿＿＿＿

＿＿＿年＿＿＿月＿＿＿日

【说明】

本样式是根据《刑事诉讼法》第 95 条、《人民检察院刑事诉讼规则》第 574 条及《人民检察院办理羁押必要性审查案件规定(试行)》第 7 条的规定制作的。

法律依据

一、直接依据

1.《刑事诉讼法》

第九十五条　犯罪嫌疑人、被告人被逮捕后,人民检察院仍应当对羁押的必要性进行审查。对不需要继续羁押的,应当建议予以释放或者变更强制措施。有关机关应当在十日以内将处理情况通知人民检察院。

2.《人民检察院刑事诉讼规则》

第五百七十四条　人民检察院在办案过程中可以依职权主动进行羁押必要性审查。

犯罪嫌疑人、被告人及其法定代理人、近亲属或者辩护人可以申请人民检察院进行羁押必要性审查。申请时应当说明不需要继续羁押的理由,有相关证据或者其他材料的应当提供。

看守所根据在押人员身体状况,可以建议人民检察院进行羁押必要性审查。

3.《人民检察院办理羁押必要性审查案件规定(试行)》

第七条　犯罪嫌疑人、被告人及其法定代理人、近亲属、辩护人申请进行羁押必要性审查的,应当说明不需要继续羁押的理由。有相关证明材料的,应当一并提供。

二、其他依据

1.《人民检察院刑事诉讼规则》第 270、573、575~582 条

2.《人民检察院办理羁押必要性审查案件规定(试行)》

3.《最高人民检察院刑事执行检察厅关于贯彻执行〈人民检察院办理羁押必要性审查案件规定(试行)〉的指导意见》

六、羁押听证申请书

(对犯罪嫌疑人/被告人进行羁押听证用)

文书简介

羁押听证申请书,是指辩护人针对犯罪嫌疑人、被告人是否应该被决定逮捕、批准延长侦查羁押期限及继续羁押,向人民检察院提出启动羁押听证的程序,来听取各方意见,继而希望其作出不予逮捕、无须延长羁押期限、变更强制措施或释放决定的申请文书。

实务要点

(一)积极申请启动

辩护人对于犯罪嫌疑人案情符合羁押听证法定情形,应积极申请启动羁押听证,继而实现不予逮捕、无须延长羁押期限、变更强制措施或释放的效果。

(二)重视社会危险性之辩

听证过程中需要强调,社会危险性之辩将成为听证审查的核心和重点问题,亦不能忽视认罪认罚。

(三)积极争取外援

如有可能,积极争取外援——检察院邀请符合条件的社会人士作为听证员或人民监督员,在依法说服检察官的同时,也同时重视说服参与听证的听证员、人民监督员。

文书范例

羁押听证申请书

（_____涉嫌_____罪一案）

申请人：_____律师事务所_____律师，系犯罪嫌疑人_____的辩护人。

联系方式：_____

申请事项：

为涉嫌_____罪的犯罪嫌疑人____申请羁押听证。

事实和理由：

_____因涉嫌_____罪于____年__月__日被刑事拘留，现羁押于____看守所。____年__月__日移送贵院审查逮捕/（或逮捕后审查延长侦查羁押期限）/（或辩护人在犯罪嫌疑人逮捕后为其申请羁押必要性审查），申请人作为_____的辩护人，依法会见了_____，了解了相关案情，根据《中华人民共和国刑事诉讼法》及《人民检察院羁押听证办法》的相关规定，特向贵院申请对犯罪嫌疑人进行羁押听证申请。

相关事实：

辩护人通过会见了解到如下事实：_____。

相关理由：

_____。

（注：建议围绕《人民检察院羁押听证办法》第3条法定基于听证情形，结合本案案情阐述。《人民检察院羁押听证办法》第3条规定，"具有下列情形之一，且有必要当面听取各意见，以依法准确作出审查决定的，可以进行羁押听证：（一）需要核实评估犯罪嫌疑人、被告人是否具有社会危险性，未成年犯罪嫌疑人、被告人是否具有社会帮教条件的；（二）有重大社会影响的；（三）涉及公共利益、民生保障、企业生产经营等领域，听证审查有利于实现案件办理政治效果、法律效果和社会效果统一的；（四）在押犯罪嫌疑人、被告人及其法定代理人、近亲属或者辩护人申请变更强制措施的；（五）羁押必要性审查案件在事实认定、法律适用、案件处理等方面存在较大争议的；（六）其他有必要听证审查的"。申请人认为本案符合上述

法律规定的第__项、第__项,属于可以进行羁押听证等情形)

综上所述,申请人认为犯罪嫌疑人符合羁押听证的法定情形,恳请贵局能够依法组织听证,请予批准!

此致

_____检察院

申请人:_____

____年____月____日

【说明】

本样式是根据《人民检察院羁押听证办法》第 3 条、第 4 条第 2 款的规定制作的,供律师使用。

法律依据

《人民检察院羁押听证办法》

第三条 具有下列情形之一,且有必要当面听取各方意见,以依法准确作出审查决定的,可以进行羁押听证:

(一)需要核实评估犯罪嫌疑人、被告人是否具有社会危险性,未成年犯罪嫌疑人、被告人是否具有社会帮教条件的;

(二)有重大社会影响的;

(三)涉及公共利益、民生保障、企业生产经营等领域,听证审查有利于实现案件办理政治效果、法律效果和社会效果统一的;

(四)在押犯罪嫌疑人、被告人及其法定代理人、近亲属或者辩护人申请变更强制措施的;

(五)羁押必要性审查案件在事实认定、法律适用、案件处理等方面存在较大争议的;

(六)其他有必要听证审查的。

第四条 羁押听证由负责办理案件的人民检察院组织开展。

经审查符合本办法第三条规定的羁押审查案件,经检察长批准,可以组织羁押听证。犯罪嫌疑人、被告人及其法定代理人、近亲属或者辩护人申请羁押听证的,人民检察院应当及时作出决定并告知申请人。

七、建议不移送审查起诉的辩护意见

（侦查终结前用）

文书简介

建议不移送审查起诉的辩护意见，是指针对公安机关临近侦查终结，预向人民检察院移送审查起诉，辩护人从抗辩角度提出犯罪嫌疑人不符合应当移送审查起诉的法定条件，应不移送审查起诉的辩护意见。

实务要点

（一）结合移送起诉的要件标准，对应提出不符合的辩护意见

根据《刑事诉讼法》第162条的规定，公安机关侦查终结的案件，应当做到犯罪事实清楚，证据确实、充分。侦查终结的案件，应当同时符合以下条件：(1)案件事实清楚；(2)证据确实、充分；(3)犯罪性质和罪名认定正确；(4)法律手续完备；(5)依法应对追究刑事责任。这就是辩护意见需要紧扣的一个基础要件标准：可针对这些要件说明代理案件的犯罪嫌疑人应不移送审查起诉。

（二）根据检察院审查移送起诉的检验标准，提出不符合的辩护意见

同时，还要运用检察对移送审查起诉案件的审查标准，根据掌握的案件事实，提出辩护意见，让侦查机关知道即便移送，也很有可能被退补侦查或劝其撤案。从而让其知难而退，不予移送审查。

《人民检察院刑事诉讼规则》第330条规定，人民检察院审查移送起诉的案件标准如下：

(1)犯罪嫌疑人身份状况是否清楚，包括姓名、性别、国籍、出生年月日、职业

和单位等;单位犯罪的,单位的相关情况是否清楚;

(2)犯罪事实、情节是否清楚;实施犯罪的时间、地点、手段、犯罪事实、危害后果是否明确;

(3)认定犯罪性质和罪名的意见是否正确;有无法定的从重、从轻、减轻或者免除处罚的情节及酌定从重、从轻情节;共同犯罪案件的犯罪嫌疑人在犯罪活动中的责任的认定是否恰当;

(4)证明犯罪事实的证据材料包括采取技术侦查措施的决定书及证据材料是否随案移送;证明相关财产系违法所得的证据材料是否随案移送;不宜移送的证据的清单、复制件、照片或者其他证明文件是否随案移送;

(5)证据是否确实、充分,是否依法收集,有无应当排除非法证据的情形;

(6)侦查的各种法律手续和诉讼文书是否完备;

(7)有无遗漏罪行和其他应当追究刑事责任的人;

(8)是否属于不应当追究刑事责任的;

(9)有无附带民事诉讼;对于国家财产、集体财产遭受损失的,是否需要由人民检察院提起附带民事诉讼;

(10)采取的强制措施是否适当,对于已经逮捕的犯罪嫌疑人,有无继续羁押的必要;

(11)侦查活动是否合法;

(12)涉案款物是否查封、扣押、冻结并妥善保管,清单是否齐备;对被害人合法财产的返还和对违禁品或者不宜长期保存的物品的处理是否妥当,移送的证明文件是否完备。

文书范例

建议不移送审查起诉的辩护意见

（＿＿＿＿涉嫌＿＿＿＿罪一案）

[＿＿＿＿]＿＿第＿＿＿＿号

＿＿＿＿公安局:

＿＿＿＿律师事务所依法接受犯罪嫌疑人＿＿＿＿家属的委托,指派我作为涉嫌_____罪一案的辩护人。通过会见犯罪嫌疑人,结合本案事实和相关证据,依据《中华人民共和国刑事诉讼法》第一百六十一条的规定,提出辩护意见如下:

辩护人认为:本案犯罪嫌疑人不符合移送检察院审查的法定条件,请不予移送审查。

具体理由如下:

_____。

(注:写明不符合《公安机关办理刑事案件程序规定》第283条规定情形的哪种情形或全部情形:"侦查终结的案件,应当同时符合以下条件:(一)案件事实清楚;(二)证据确实、充分;(三)犯罪性质和罪名认定正确;(四)法律手续完备;(五)依法应当追究刑事责任。"以下为不应追究刑事责任的情形:(1)情节显著轻微、危害不大,不认为是犯罪的;(2)犯罪已过追诉时效期限的;(3)经特赦令免除刑罚的;(4)依照《刑法》告诉才处理的犯罪,没有告诉或者撤回告诉的等法定情形;(5)犯罪嫌疑人、被告人死亡的;(6)其他法律规定免予追究刑事责任的。同时结合《人民检察院刑事诉讼规则》第330条规定的情形展开论述)

综上,本案存在上述不符合应当移送检察院审查的法定条件,本案应做_____(注:提出具体意见,如不应对犯罪嫌疑人追究刑事责任,应当撤销案件)。

此致

_____公安局

辩护人:_____律师
____年____月____日

【说明】

本样式是根据《刑事诉讼法》第161条及《公安机关办理刑事案件程序规定》第283条、第289条的规定进行制作的。

法律依据

一、直接依据

《刑事诉讼法》

第一百六十一条 在案件侦查终结前,辩护律师提出要求的,侦查机关应当听取辩护律师的意见,并记录在案。辩护律师提出书面意见的,应当附卷。

《公安机关办理刑事案件程序规定》

第二百八十三条　侦查终结的案件,应当同时符合以下条件:

(一)案件事实清楚;

(二)证据确实、充分;

(三)犯罪性质和罪名认定正确;

(四)法律手续完备;

(五)依法应对追究刑事责任。

第二百八十九条　对侦查终结的案件,应制作起诉意见书,经县级以上公安机关负责人批准后,连同全部案卷材料、证据,以及辩护律师提出的意见一并移送同级人民检察院审查决定;同时将案件移送情况告知犯罪嫌疑人及其辩护律师。

犯罪嫌疑人自愿认罪的,应当记录在案,随案移送,并在起诉意见书中写明有关情况;认为案件符合速裁程序适用条件的,可以向人民检察院提出适用速裁程序的建议。

二、其他依据

1.《刑事诉讼法》第 16、38、162、163 条

2.《律师办理刑事案件规范》第 66 条

八、建议不移送起诉的辩护意见

(审查起诉阶段用)

文书简介

建议不移送起诉的辩护意见,是指辩护人向检察机关提出侦查机关或监察委移送审查的案件,不符合移送法院起诉的辩护意见。

实务要点

（一）把握"慎诉"是当前检察机关的常态举措

2022年2月9日，最高人民检察院检察委员会委员、第一检察厅厅长苗生明接受采访指出，"慎诉，就是依法行使起诉裁量权，对符合法定条件的案件通过适用不起诉，发挥审查起诉的把关、分流作用"。2022年4月19日《最高检案管办负责人就2022年1～3月全国检察机关主要办案数据答记者问》强调，"司法机关合力推动少捕慎诉慎押刑事司法政策落地见效"。其还指出，"与公安、法院、司法行政机关加强协调配合，深化对贯彻少捕慎诉慎押刑事司法政策的共识。——'居中'能动履职，正当程序释放司法善意。1～3月，刑事案件不捕率39.8%、不诉率20.1%，同比均大幅上升——"。① 可见"少捕、慎诉、慎押刑事司法政策"已成共识。"慎诉"成为检察机关正当程序释放司法善意的重要举措。

"构罪即捕""有罪必诉""一押到底"的传统办案模式已不能适应时代发展和社会需要。在大时代背景下，要善于抓刑事司法政策的红利，结合三大不起诉情形，在辩护意见中充分阐述，重点突出案件符合哪一不起诉情形。

（二）熟知不起诉"三情形"

1. 法定不起诉情形。

《刑事诉讼法》第16条规定：有下列情形之一的，不追究刑事责任，已经追究的，应当撤销案件，或者不起诉，或者终止审理，或者宣告无罪：

(1)情节显著轻微、危害不大，不认为是犯罪的；

(2)犯罪已过追诉时效期限的；

(3)经特赦令免除刑罚的；

(4)依照刑法告诉才处理的犯罪，没有告诉或者撤回告诉的；

(5)犯罪嫌疑人、被告人死亡的；

(6)其他法律规定免予追究刑事责任的。

2. 酌定不起诉情形及相关罪名。

(1)在外国犯罪已经受过刑罚处罚的（《刑法》第10条）

(2)又聋又哑的人或者盲人犯罪的（《刑法》第19条）

---

① 《司法热点透视|少捕慎诉慎押，如何正确理解、精准适用?》，载百度百家号"新华社客户端"2022年2月9日，https://baijiahao.baidu.com/s?id=17242928097330422238wfr=spider&for=pc。

(3)正当防卫超过必要限度造成重大损害的(《刑法》第20条第2款)

(4)紧急避险超过必要限度造成不应有的损害的(《刑法》第21条第2款)

(5)预备犯(《刑法》第22条第2款)

(6)没有造成损害的中止犯(《刑法》第24条第2款)

(7)从犯(《刑法》第27条第2款)

(8)胁从犯(《刑法》第28条)

(9)犯罪情节轻微不需要判处刑罚的(《刑法》第37条)

(10)有自首且犯罪较轻(《刑法》第67条)

(11)有重大立功表现的(《刑法》第68条)

3. 存疑不起诉情形。

《人民检察院刑事诉讼规则》第368条规定具有下列情形之一,二次退补仍不能确定犯罪嫌疑人构成犯罪和需要追究刑事责任的,属于证据不足,不符合起诉条件:

(1)犯罪构成要件事实缺乏必要的证据予以证明的;

(2)据以定罪的证据存在疑问,无法查证属实的;

(3)据以定罪的证据之间、证据与案件事实之间的矛盾不能合理排除的;

(4)根据证据得出的结论具有其他可能性,不能排除合理怀疑的;

(5)根据证据认定案件事实不符合逻辑和经验法则,得出的结论明显不符合常理的。

文书范例

建议不移送起诉的辩护意见

(_____涉嫌_____罪一案)

_____人民检察院:

根据《中华人民共和国刑事诉讼法》第三十三条的规定,_____律师事务所接受本案犯罪嫌疑人_____亲属的委托并征得他本人同意,指派我担任被告人_____的辩护人。接受委托后,本辩护人查阅了本案的材料,会见了被告人,现依据《中华人民共和国刑事诉讼法》第一百七十三条、第一百七十七条的规定,结合案件事实和法律，提出如下辩护意见。

辩护人认为，本案应不予移送起诉，建议作出不起诉的决定。

具体理由：_____。

（注：可以从以下四方面之一入手，进行阐述：

1. 事实方面：事实清楚，实体不构成犯罪，应当作出不起诉决定。

2. 证据方面：是否事实不清、证据不足。如定罪证据经两次补充侦查仍不足、侦查活动非法导致非法证据被排除后证据不足等，作出不起诉决定。

3. 适用法律方面：是否超过追诉时效等属于不应追究刑事责任情形。

4. 量刑方面：是否存在自首、立功、重大立功、和解赔偿取得谅解、共同犯罪案件中被告人属于从犯、是否存在轻罪罪名，犯罪情节轻微，依照《刑法》规定不需要判处刑罚或者免除刑罚的法定情形）

综上所述，本辩护人请求本案贵院承办人员在审查起诉时，采纳上述辩护意见，依法作出不起诉、不予移送起诉的决定。

此致

_____人民检察院

辩护人：_____律师

____年____月____日

【说明】

本文书根据《刑事诉讼法》第 173 条、第 177 条的规定，并结合相关司法解释及行业规范制作。

法律依据

一、直接依据

《刑事诉讼法》

第一百七十三条　人民检察院审查案件，应当讯问犯罪嫌疑人，听取辩护人或者值班律师、被害人及其诉讼代理人的意见，并记录在案。辩护人或者值班律师、被害人及其诉讼代理人提出书面意见的，应当附卷。

犯罪嫌疑人认罪认罚的，人民检察院应当告知其享有的诉讼权利和认罪认罚的法律规定，听取犯罪嫌疑人、辩护人或者值班律师、被害人及其诉讼代理人对下

列事项的意见,并记录在案:

(一)涉嫌的犯罪事实、罪名及适用的法律规定;

(二)从轻、减轻或者免除处罚等从宽处罚的建议;

(三)认罪认罚后案件审理适用的程序;

(四)其他需要听取意见的事项。人民检察院依照前两款规定听取值班律师意见的,应当提前为值班律师了解案件有关情况提供必要的便利。

第一百七十七条 犯罪嫌疑人没有犯罪事实,或者有本法第十六条规定的情形之一的,人民检察院应当作出不起诉决定。对于犯罪情节轻微,依照刑法规定不需要判处刑罚或者免除刑罚的,人民检察院可以作出不起诉决定。

人民检察院决定不起诉的案件,应当同时对侦查中查封、扣押、冻结的财物解除查封、扣押、冻结。对被不起诉人需要给予行政处罚、处分或者需要没收其违法所得的,人民检察院应当提出检察意见,移送有关主管机关处理。有关主管机关应当将处理结果及时通知人民检察院。

二、其他依据

1.《刑事诉讼法》第 171、176、178 条

2.《人民检察院刑事诉讼规则》第 255、260、261、267、269、271、272、330、339、342、355、365~376 条

3.《最高人民法院关于充分发挥司法职能作用助力中小微企业发展的指导意见》

4.《律师办理刑事案件规范》第 74~76、214、215 条

三、刑法中规定的不构成犯罪,法定(绝对)不起诉汇总

(一)危害药品安全犯罪

《最高人民法院、最高人民检察院关于办理危害药品安全刑事案件适用法律若干问题的解释》第 11 条

(二)盗窃犯罪

《最高人民法院、最高人民检察院关于办理盗窃刑事案件适用法律若干问题的解释》第 8 条

(三)敲诈勒索犯罪

《最高人民法院、最高人民检察院关于办理敲诈勒索刑事案件适用法律若干问题的解释》第 6 条

(四)诈骗犯罪

《最高人民法院、最高人民检察院关于办理诈骗刑事案件具体应用法律若干

问题的解释》第 4 条

(五)未成年人刑事犯罪

《最高人民法院关于审理未成年人刑事案件具体应用法律若干问题的解释》第 6、7、9 条

(六)非法制造、买卖、运输、储存危险物质犯罪

《最高人民法院、最高人民检察院关于办理非法制造、买卖、运输、储存毒鼠强等禁用剧毒化学品刑事案件具体应用法律若干问题的解释》第 5 条

(七)污染环境犯罪

1.《最高人民法院、最高人民检察院关于办理环境污染刑事案件适用法律若干问题的解释》第 6 条

2.《最高人民法院、最高人民检察院、公安部、司法部、生态环境部关于办理环境污染刑事案件有关问题座谈会纪要》第 5 条

(八)拐卖妇女儿童犯罪

1.《最高人民法院、最高人民检察院、公安部、司法部关于依法惩治拐卖妇女儿童犯罪的意见》第 31 条

2.《全国法院维护农村稳定刑事审判工作座谈会纪要》"二、(六)关于拐卖妇女、儿童犯罪案件"

(九)拒不支付劳动报酬犯罪

《最高人民法院关于审理拒不支付劳动报酬刑事案件适用法律若干问题的解释》第 6 条

(十)掩饰隐瞒犯罪所得、犯罪所得收益犯罪

《最高人民法院关于审理掩饰隐瞒犯罪所得、犯罪所得收益刑事案件适用法律若干问题的解释》第 2 条

(十一)破坏交通设施犯罪

《最高人民法院、最高人民检察院、公安部、司法部关于依法惩治妨害新型冠状病毒感染肺炎疫情防控违法犯罪的意见》第 2 条第 8 项

(十二)非法携带枪支、弹药、爆炸物犯罪

《最高人民法院关于审理非法制造买卖运输枪支、弹药、爆炸物等刑事案件具体应用法律若干问题的解释》第 6 条

(十三)走私犯罪

1.《最高人民法院、最高人民检察院关于办理走私刑事案件适用法律若干问

题的解释》第 9 条

2.《最高人民法院、最高人民检察院、海关总署关于办理走私刑事案件适用法律若干问题的意见》第 7 条

（十四）转化抢劫犯罪

《最高人民法院关于审理抢劫抢夺刑事案件适用法律若干问题的意见》第 5 条

（十五）代替考试犯罪

《最高人民法院、最高人民检察院关于办理组织考试作弊等刑事案件适用法律若干问题的解释》第 7 条

（十六）非法利用信息网络、帮助信息网络犯罪活动犯罪

《最高人民法院、最高人民检察院关于办理非法利用信息网络、帮助信息网络犯罪活动等刑事案件适用法律若干问题的解释》第 15 条

（十七）非法采矿、破坏性采矿犯罪

《最高人民法院、最高人民检察院关于办理非法采矿、破坏性采矿刑事案件适用法律若干问题的解释》第 11 条

（十八）非法集资犯罪

《最高人民法院关于审理非法集资刑事案件具体应用法律若干问题的解释》第 6 条

（十九）非法吸收或者变相吸收公众存款犯罪

《最高人民法院关于充分发挥司法职能作用助力中小微企业发展的指导意见》第 7 条

（二十）软暴力犯罪

《最高人民法院、最高人民检察院、公安部、司法部关于办理实施"软暴力"的刑事案件若干问题的意见》第 11 条

（二十一）组织领导传销活动犯罪

《最高人民法院、最高人民检察院、公安部关于办理组织领导传销活动刑事案件适用法律若干问题的意见》第 5 条

（二十二）黑社会性质组织犯罪

《最高人民法院关于审理黑社会性质组织犯罪的案件具体应用法律若干问题的解释》第 3 条

（二十三）组织、利用邪教组织破坏法律实施犯罪

《最高人民法院、最高人民检察院关于办理组织、利用邪教组织破坏法律实施

等刑事案件适用法律若干问题的解释》第9条

(二十四)毒品犯罪

1.《最高人民法院关于审理毒品犯罪案件适用法律若干问题的解释》第7条

2.《最高人民法院、最高人民检察院、公安部关于办理制毒物品犯罪案件适用法律若干问题的意见》"一、关于制毒物品犯罪的认定"(三)

(二十五)职务犯罪

《最高人民法院、最高人民检察院关于办理国家出资企业中职务犯罪案件具体应用法律若干问题的意见》第3、8条

(二十六)组织卖淫犯罪

《最高人民法院、最高人民检察院关于办理组织、强迫、引诱、容留、介绍卖淫刑事案件适用法律若干问题的解释》第4条

(二十七)赌博犯罪

1.《最高人民法院、最高人民检察院关于办理赌博刑事案件具体应用法律若干问题的解释》第9条

2.《最高人民法院、最高人民检察院、公安部关于办理利用赌博机开设赌场案件适用法律若干问题的意见》第7条

(二十八)寻衅滋事犯罪

《最高人民法院、最高人民检察院关于办理寻衅滋事刑事案件适用法律若干问题的解释》第1条

(二十九)破坏野生动物资源犯罪

《最高人民法院、最高人民检察院关于办理破坏野生动物资源刑事案件适用法律若干问题的解释》第13、14条

(三十)军人违反职责罪

《刑法》第449条

九、不服不起诉决定申诉书

（被不起诉人对不起诉决定不服申诉用）

文书简介

不服不起诉决定申诉书，是指被不起诉人对检察机关作出的不起诉决定，依照法律向检察机关提出重新处理的书状。

实务要点

针对被不起诉人不服不起诉决定进行申诉的典型案例，需要分享一个哈尔滨小伙赵宇见义勇为案件，其也入选了最高人民法院、最高人民检察院正当防卫典型案例。2018年年末，一度轰动全国的哈尔滨小伙赵宇在福州市见义勇为案，福州市晋安区人民检察院第一次以防卫过当为由作出酌定不起诉决定书，赵宇不服申诉。在最高人民检察院指导下，2019年3月1日福建省人民检察院指令福州市人民检察院对该案进行了审查，认定原不起诉决定适用法律错误。第二次不起诉决定书认定赵宇的行为属于正当防卫，依法不负刑事责任，是无罪的不起诉决定。

对于绝对无罪案件，检察院如果作出酌定不起诉、存疑不起诉的，应依法申诉，否则在有被害人的案件中，不起诉决定书或许将成为后续民事赔偿的证据和依据。只有申诉成功，改为无罪不起诉，才会不留后患。

文书范例

不服不起诉决定申诉书

申诉人：_____（注：自然人写清姓名、性别、出生日期、工作单位、住址、有效联系方式；法人或者其他组织写清名称、所在地址和法定代表人或者主要负责人的姓名、职务、有效联系方式）

辩护人：_____律师事务所____律师。

联系方式：_____

申诉人因_____（案由）一案，不服_____人民检察院____年__月__日作出的[_____]_____字第_____号不起诉决定书，现依法提出申诉。

请求事项：

请求上级检察机关查明案情，撤销[_____]_____字第_____号不起诉决定书，作出法定不起诉的决定。

事实和理由：

_____。（注：应详述事实和理由）

因此，申诉人认为应当作出法定不起诉的决定。根据《中华人民共和国刑事诉讼法》第一百八十一条的规定，特向贵院提出申诉。

此致

_____人民检察院

申请人：_____

____年____月____日

附：

1. 原不起诉决定书抄件_____份
2. 证人_____证言_____份

【说明】

本文书是依据《刑事诉讼法》第 181 条及《人民检察院刑事诉讼规则》第 387 条的规定制作的。

法律依据

一、直接依据

1.《刑事诉讼法》

第一百八十一条 对于人民检察院依照本法第一百七十七条第二款规定作出的不起诉决定,被不起诉人如果不服,可以自收到决定书后七日以内向人民检察院申诉。人民检察院应当作出复查决定,通知被不起诉的人,同时抄送公安机关。

2.《人民检察院刑事诉讼规则》

第三百八十七条 被害人、被不起诉人对不起诉决定不服提出申诉的,应当递交申诉书,写明申诉理由。没有书写能力的,也可以口头提出申诉。人民检察院应当根据其口头提出的申诉制作笔录。

二、其他依据

1.《人民检察院刑事诉讼规则》第 385、386、388、389 条

2.《人民检察院办理刑事申诉案件规定》第 13、14、31 条

十、不服不起诉决定申诉书

(被害人对不起诉决定申诉用)

文书简介

不服不起诉决定申诉书,是指被害人对检察机关作出的不起诉决定,依照法律向检察机关提出重新处理的书状。

实务要点

只有不起诉决定可能存在错误的,才有可能撤销。所以申诉书内容重点是案件事实及理由。理由要突出构成犯罪,不存在法定不起诉、酌定不起诉及存疑不起诉的任一情形,应当追究刑事责任,须提出公诉。

文书范例

不服不起诉决定申诉书

申诉人:＿＿＿＿＿＿＿＿＿＿＿＿＿＿＿＿(注:自然人写清姓名、性别、出生日期、工作单位、住址、有效联系方式;法人或者其他组织写清名称、所在地址和法定代表人或者主要负责人的姓名、职务、有效联系方式)。

代理人:＿＿＿＿律师事务所＿＿＿律师。

联系方式＿＿＿＿＿＿＿＿＿＿＿

被申诉人:＿＿＿＿＿＿＿＿＿＿＿＿＿＿＿＿(注:自然人写清姓名、性别、出生日期、工作单位、住址、有效联系方式;法人或者其他组织写清名称、所在地址和法定代表人或者主要负责人的姓名、职务、有效联系方式)。

申诉人因＿＿＿＿(案由)一案,不服＿＿＿＿人民检察院＿＿＿年＿月＿日作出的[＿＿＿＿＿]＿＿＿字第＿＿＿＿号不起诉决定书,现依法提出申诉。

请求事项:

请求上级检察机关查明案情,对＿＿＿＿作出起诉决定,追究其刑事责任。

事实和理由:

＿＿＿＿＿＿＿＿＿＿＿＿＿＿＿＿＿。(注:应详述事实和理由)

因此,申诉人认为应当对＿＿＿＿提起公诉。根据《中华人民共和国刑事诉讼法》第一百八十条的规定,我特向贵院提出申诉。

此致

＿＿＿＿＿＿＿人民检察院

申请人:＿＿＿＿＿＿

＿＿＿年＿＿＿月＿＿＿日

附：

1. 原不起诉决定书抄件_____份
2. 证人_____证言_____份

【说明】

本文书是依据《刑事诉讼法》第 180 条及《人民检察院刑事诉讼规则》第 387 条的规定制作的。

法律依据

一、直接依据

1.《刑事诉讼法》

第一百八十条　对于有被害人的案件,决定不起诉的,人民检察院应当将不起诉决定书送达被害人。被害人如果不服,可以自收到决定书后七日以内向上一级人民检察院申诉,请求提起公诉。人民检察院应当将复查决定告知被害人。对人民检察院维持不起诉决定的,被害人可以向人民法院起诉。被害人也可以不经申诉,直接向人民法院起诉。人民法院受理案件后,人民检察院应当将有关案件材料移送人民法院。

2.《人民检察院刑事诉讼规则》

第三百八十七条　被害人、被不起诉人对不起诉决定不服提出申诉的,应当递交申诉书,写明申诉理由。没有书写能力的,也可以口头提出申诉。人民检察院应当根据其口头提出的申诉制作笔录。

二、其他依据

1.《人民检察院刑事诉讼规则》第 381～386、388、389 条
2.《人民检察院办理刑事申诉案件规定》第 10、13、14 条

第四章

审判阶段程序性文书

一、刑事自诉状

（被害人向法院提起自诉用）

文书简介

刑事自诉状是法律规定的自诉案件中，由受害人或者其代理人直接向人民法院控告刑事被告人，要求法院追究其刑事责任所递交的书面请求。

实务要点

1. 注意刑事自诉状的适用范围是：告诉才处理，以及其他不需要进行侦查，由人民法院直接处理的轻微的刑事案件。

2. 有关事实和理由，已在本部分文书范例中进行标准注，此处不再赘述。

3. 注意诉讼时效。

4. 注意管辖法院：一般由犯罪地的人民法院行使管辖权。刑事自诉案件的自诉人、被告人一方或者双方是住所在我国香港、澳门特别行政区的个人或者单位的，由犯罪地的基层人民法院审理。

5. 注意部门之间的衔接。如果被害人就同一事实，向公安机关控告，公安机关已立案处理，或尚未处理的；或对不起诉决定不服已经向检察院提出申诉的，建议在该侦查或申诉程序结束后，再启动自诉程序。

文书范例

刑事自诉状

自诉人：_____（注：当事人是自然人的，应写明姓名、性别、民族、出生年月日、出生地、职业、工作单位、现住址，身份证号码，电话；当事人是法人或者其他组织的，应写明名称、住所地、邮编及联系电话、法定代表人或负责人姓名、职务）

被告人：_____（注：写明姓名、性别、民族、出生年月日、如出生年月日不详者，可写其年龄、出生地、职业、工作单位、现住址，身份证号码、电话）

案由：_____（注：写明被告人被控告的具体罪名）

诉讼请求：

_____。

（注：写明具体要求，以伤害案为例，诉讼请求：要求依法追究被告人故意伤害罪的刑事责任）

事实和理由：

_____。

（注：应全面反映案件事实的客观真实情况，包括被告人犯罪的时间、地点、侵害的客体、动机、目的、情节、手段及造成的危害后果，理由部分应阐明被告人触犯的罪名和对应的法律依据）

证据和证据来源，证人姓名和住址：

_____。

（注：写明主要证据及其来源，证人姓名和住址。如证据、证人在事实部分已经写明，此处只需点明证据名称、证人详细地址等）

此致

_____人民法院

自诉人：_____
____年____月____日

附：本诉状副本_____份

【说明】

本文书根据《刑事诉讼法》第114条及《最高人民法院关于适用〈中华人民共和国刑事诉讼法〉的解释》第319条的规定制作。

法律依据

一、直接依据

1.《刑事诉讼法》

第一百一十四条 对于自诉案件,被害人有权向人民法院直接起诉,被害人死亡或者丧失行为能力的,被害人的法定代理人、近亲属有权向人民法院起诉。人民法院应当依法受理。

2.《最高人民法院关于适用〈中华人民共和国刑事诉讼法〉的解释》

第三百一十九条 自诉状一般应当包括以下内容:

(一)自诉人(代为告诉人)、被告人的姓名、性别、年龄、民族、出生地、文化程度、职业、工作单位、住址、联系方式;

(二)被告人实施犯罪的时间、地点、手段、情节和危害后果等;

(三)具体的诉讼请求;

(四)致送的人民法院和具状时间;

(五)证据的名称、来源等;

(六)证人的姓名、住址、联系方式等。

对两名以上被告人提出告诉的,应当按照被告人的人数提供自诉状副本。

二、其他依据

1.《刑事诉讼法》第210~213条

2.《最高人民法院关于适用〈中华人民共和国刑事诉讼法〉的解释》第1、318条

3.《律师办理刑事案件规范》第148~150条

二、刑事附带民事起诉状

（被害人提起刑事附带民事诉讼用）

文书简介

刑事附带民事起诉状，是被害人由于刑事被告人的犯罪行为而遭受物质损失，在刑事诉讼过程中，依法向对受理同一刑事案件的人民法院递交的要求刑事被告人等致害人给予民事赔偿的法律文书。

实务要点

刑事附带民事起诉状，实为民事主张的诉状，其内容与主张民事侵权诉状内容有相同之处。同样涉及谁告、告谁、告什么（诉求）、何时告、到哪告的问题。

（一）"谁告"：原告主体

遭受物质损失的被害人；被害人死亡或者丧失行为能力的，被害人的法定代理人、近亲属；如果是国家财产、集体财产遭受损失的，人民检察院在提起公诉的时候，也可以成为主体。称谓是刑事附带民事诉讼原告人。

（二）"告谁"：被告主体

依法负有赔偿责任的人包括：(1)刑事被告人以及未被追究刑事责任的其他共同侵害人；(2)刑事被告人的监护人；(3)死刑罪犯的遗产继承人；(4)共同犯罪案件中，案件审结前死亡的被告人的遗产继承人；(5)对被害人的物质损失依法应当承担赔偿责任的其他单位和个人，以及附带民事诉讼被告人的亲友自愿代为赔偿的，也可以成为赔偿的被告主体。

（三）"告什么"：诉求

仅限于物质损害，不包括残疾赔偿金、死亡赔偿金、精神损失费；这些即使写入诉求,也不会得到支持。造成人身损害的,应当赔偿医疗费、护理费、交通费等为治疗和康复支付的合理费用,以及因误工减少的收入;造成被害人残疾的,还应当赔偿残疾生活辅助器具费等费用;造成死亡的,还应当赔偿丧葬费等费用。驾驶机动车致人伤亡或者造成公私财产重大损失,构成犯罪的,依照《道路交通安全法》第76条①的规定确定赔偿责任。另外,如果附带民事诉讼当事人就民事赔偿问题达成调解、和解协议,则赔偿范围、数额不受第2款、第3款规定的限制。

被害人或者其法定代理人、近亲属在刑事诉讼过程中未提起附带民事诉讼,另行提起民事诉讼的,人民法院可以进行调解。调解不成的,也不会对残疾赔偿金、死亡赔偿金、精神损失费进行判决赔偿。

(四)"何时告"

民事诉讼原告人在人民法院受理刑事案件后提起刑事附带民事诉讼。国家财产、集体财产遭受损失,受损失的单位未提起附带民事诉讼,人民检察院的附带民事诉讼是在提起公诉时一并提起的。

(五)"到哪告":管辖法院

管辖法院是检察机关移送公诉的受理刑事案件的法院。

文书范例

刑事附带民事起诉状

附带民事诉讼原告人:＿＿＿＿＿＿＿＿＿＿(注:自然人应写明姓名、性别、民族、出生年月日、出生地、职业、工作单位、现住址,身份证号码,电话;法人或者其他组织的,应写明名称、住所地、邮编及联系电话、法定代表人或负责人姓名、职务)

附带民事诉讼被告:＿＿＿＿＿＿＿＿＿＿(注:写明姓名、性别、民族、出生年月

---

① 《道路交通安全法》第76条规定:"机动车发生交通事故造成人身伤亡、财产损失的,由保险公司在机动车第三者责任强制保险责任限额范围内予以赔偿;不足的部分,按照下列规定承担赔偿责任:(一)机动车之间发生交通事故的,由有过错的一方承担赔偿责任;双方都有过错的,按照各自过错的比例分担责任。(二)机动车与非机动车驾驶人、行人之间发生交通事故,非机动车驾驶人、行人没有过错的,由机动车一方承担赔偿责任;有证据证明非机动车驾驶人、行人有过错的,根据过错程度适当减轻机动车一方的赔偿责任;机动车一方没有过错的,承担不超过百分之十的赔偿责任。交通事故的损失是由非机动车驾驶人、行人故意碰撞机动车造成的,机动车一方不承担赔偿责任。"

日、如出生年月日不详者,可写其年龄、出生地、职业、工作单位、现住址,身份证号码,电话)。

诉讼请求:

_____。

(注:写明具体要求,以伤害案为例,诉讼请求包括要求依法追究被告人故意伤害罪的刑事责任;要求赔偿损失_____元)

事实和理由:

_____。

(注:应全面反映案件事实的客观真实情况,包括被告人犯罪的时间、地点、侵害的客体、动机、目的、情节、手段及造成的危害后果,理由应阐明被告人构成犯罪的罪名和对应的法律依据。对于请求赔偿的,应写明被告人犯罪行为所造成的损害、具体赔偿请求及计算依据)

证据和证据来源,证人姓名和住址:

_____。

(注:写明主要证据及其来源,证人姓名和住址。如证据、证人在事实部分已经写明,此处只需点明证据名称、证人详细地址等)

此致

_____人民法院

附带民事诉讼原告:_____

____年____月____日

附:本诉状副本_____份

【说明】

本文书根据《刑事诉讼法》第101条及《最高人民法院关于适用〈中华人民共和国刑事诉讼法〉的解释》第318条之规定制作。

法律依据

一、直接依据

1.《刑事诉讼法》

第一百零一条 被害人由于被告人的犯罪行为而遭受物质损失的,在刑事诉讼过程中,有权提起附带民事诉讼。被害人死亡或者丧失行为能力的,被害人的法定代理人、近亲属有权提起附带民事诉讼。

如果是国家财产、集体财产遭受损失的,人民检察院在提起公诉的时候,可以提起附带民事诉讼。

2.《最高人民法院关于适用〈中华人民共和国刑事诉讼法〉的解释》

第三百一十八条　提起自诉应当提交刑事自诉状;同时提起附带民事诉讼的,应当提交刑事附带民事自诉状。

二、其他依据

1.《刑事诉讼法》第46、103、104、108、171、208条

2.《最高人民法院关于适用〈中华人民共和国刑事诉讼法〉的解释》第62、64、175、178~188、192条

3.《最高人民法院关于修改〈最高人民法院关于审理人身损害赔偿案件适用法律若干问题的解释〉的决定》

4.《律师办理刑事案件规范》第149、150条

三、召开庭前会议申请书

（申请法院召开庭前会议用）

文书简介

召开庭前会议申请书,是指辩护人、被告人在开庭以前,向受理法院提出,由审判人员召集公诉人、当事人和辩护人、诉讼代理人,召开一个对回避、出庭证人名单、非法证据排除等与审判相关的问题,进行了解情况、听取意见会议的申请文书。

实务要点

鉴于庭前会议不是法庭审理前的必经程序,但其重要性并不亚于正式开庭。是由法院依据按照的具体情况来决定是否召开以及召开的次数。但是一般对复杂、疑难案件,通常应对召开庭前会议。

文书写作注意事项如下:

1. 明确可以召开庭前会议的情形,避免无效申请。

按照司法解释和庭前会议规程的规定,符合以下四种情形,法院可以决定召开:(1)证据材料较多、案情重大复杂的;(2)控辩双方对事实、证据存在较大争议的;(3)社会影响重大的;(4)需要召开庭前会议的其他情形。

2. 申请书要明确说明需要处理的事项。

按照《庭前会议规程》第1条第2款"控辩双方可以申请人民法院召开庭前会议,申请召开庭前会议的,应当说明需要处理的事项。人民法院经审查认为有必要的,应当决定召开庭前会议;决定不召开庭前会议的,应当告知申请人"的规定,辩护人结合案件,认为需要召开庭前会议的,申请书一般要具体明确说明需要处理的事项。

庭前会议需要处理事项(内容):

(1)是否对案件管辖有异议;

(2)是否申请有关人员回避;

(3)是否申请不公开审理;

(4)是否申请排除非法证据;

(5)是否申请提供新的证据材料;

(6)是否申请重新鉴定或者勘验;

(7)是否申请调取在侦查、审查起诉期间公安机关、人民检察院收集但未随案移送的证明被告人无罪或者罪轻的证据材料;

(8)是否申请向证人或有关单位、个人收集、调取证据材料;

(9)是否申请证人、鉴定人、侦查人员、有专门知识的人出庭,是否对出庭人员名单有异议;

(10)与审判相关的其他问题。

由于申请不必然会被同意,还要让法院审判人员认为确有必要。

文书范例

召开庭前会议申请书

（_____涉嫌_____罪一案）

申请人：_____律师事务所_____律师，系被告人_____的辩护人。
联系方式：_____
被申请机关：_____人民法院。
申请事项：申请召开庭前会议。
事实和理由：

_____因涉嫌_____于___年__月__日由_____人民检察院向贵院提起公诉，现羁押于_____看守所。申请人作为被告人_____的辩护人，多次会见被告人_____，查阅了全部案卷材料，经与_____本人协商（_____本人也明确表示想参加庭前会议），申请人根据《中华人民共和国刑事诉讼法》第一百八十七条第二款、最高人民法院《关于适用〈中华人民共和国刑事诉讼法〉的解释》第二百二十六条及《人民法院办理刑事案件庭前会议规程（试行）》第一条之规定，特向贵院申请召开庭前会议。

相关理由：
_____
_____。

（注：应当按照《人民法院办理刑事案庭前会议规程（试行）》第10条，说明需要处理的具体事项。在开庭审理前申请排除非法证据的，还需要依照法律规定提供相关线索或者材料）

基于上述情况，申请人特此申请，望贵院批准。
此致
_____人民法院

申请人：_____
___年___月___日

【说明】
本文书是根据《刑事诉讼法》第187条第2款、《最高人民法院关于适用〈中华人民共和国刑事诉讼法〉的解释》第 226 条及《人民法院办理刑事案件庭前会议规程（试行）》第 1 条的规定制作的。

法律依据

一、直接依据

1.《刑事诉讼法》

第一百八十七条第二款　在开庭以前，审判人员可以召集公诉人、当事人和辩护人、诉讼代理人，对回避、出庭证人名单、非法证据排除等与审判相关的问题，了解情况，听取意见。

2.《最高人民法院关于适用〈中华人民共和国刑事诉讼法〉的解释》

第二百二十六条　案件具有下列情形之一的，人民法院可以决定召开庭前会议：

（一）证据材料较多、案情重大复杂的；

（二）控辩双方对事实、证据存在较大争议的；

（三）社会影响重大的；

（四）需要召开庭前会议的其他情形。

3.《人民法院办理刑事案件庭前会议规程（试行）》

第一条　人民法院适用普通程序审理刑事案件，对于证据材料较多、案情疑难复杂、社会影响重大或者控辩双方对事实证据存在较大争议等情形的，可以决定在开庭审理前召开庭前会议。

控辩双方可以申请人民法院召开庭前会议。申请召开庭前会议的，应当说明需要处理的事项。人民法院经审查认为有必要的，应当决定召开庭前会议；决定不召开庭前会议的，应当告知申请人。

被告人及其辩护人在开庭审理前申请排除非法证据，并依照法律规定提供相关线索或者材料的，人民法院应当召开庭前会议。

二、其他依据

1.《人民法院办理刑事案件庭前会议规程（试行）》

2.《人民检察院刑事诉讼规则》第 395 条第 1 款

3.《最高人民法院、最高人民检察院、公安部、国家安全部、司法部关于推进以

审判为中心的刑事诉讼制度改革的意见》第 5~10 条

4.《最高人民法院、最高人民检察院、公安部、国家安全部、司法部关于办理刑事案件严格排除非法证据若干问题的规定》第 25 条

5.《律师办理刑事案件规范》第 78~80 条

四、被告人参加庭前会议申请书

（被告人需要参加庭前会议用）

文书简介

被告人参加庭前会议申请书，是指被告人在开庭以前，向受理法院提出，由审判人员召集公诉人、当事人和辩护人、诉讼代理人，针对非法证据排除等直接影响被告人刑事诉讼权利的相关问题，进行了解情况、听取意见会议的申请文书。

实务要点

1. 庭前会议的内容和决定影响被告人行使诉讼权利的，作为辩护人均应当申请人民法院通知被告人参加庭前会议。

2. 特别是涉及非法证据排除情形的，一定要在和被告人充分沟通后，向法院提出，并强调如不同意被告人参加庭前会议的程序后果：不仅违反最高人民法院《关于适用〈中华人民共和国刑事诉讼法〉的司法解释》第 230 条第 3 款的规定，而且在正式庭审中，被告人会再次提出非法证据排除，势必将影响庭审效率。

文书范例

被告人参加庭前会议申请书

（_____涉嫌_____罪一案）

申请人：_____律师事务所_____律师，系犯罪嫌疑人_____的辩护人。

联系方式：_____

申请事项：

申请人_____参加贵院定于____年__月__日的庭前会议。

事实和理由：

贵院定于____年__月__日召开针对被告人_____涉嫌_____一案的庭前会议。

主要事实：_____。

（注：重点阐述本案存在非法证据排除情形，以及之前已经向法院提交过书面《非法证据排除申请书》并提供了相关的线索）

主要理由：_____。

（注：重点论证，本次庭前会议处理事项包括非法证据排除，而被非法取证的当事人即为申请人，只有当事人本人到庭才能查清是否应当排除非法证据的问题）

基于以上事实和理由，特依据《中华人民共和国刑事诉讼法》第一百八十七条第二款、《最高人民法院关于适用〈中华人民共和国刑事诉讼法〉的解释》二百三十条第三款以及《关于全面推进以审判为中心的刑事诉讼制度改革的实施意见》第五条之规定，本案被告人的案情符合法院通知当事人参加会议的情形。

且依据《人民法院办理刑事案件庭前会议规程（试行）》第三条第二款之规定，申请人申请参加庭前会议或者申请排除非法证据等情形的，人民法院应当通知被告人到场。

因此，恳请贵院及时通知被告人_____参与庭前会议。

此致

_____人民法院

申请人：_____
____年____月____日

【说明】

本文书根据《刑事诉讼法》第187条第2款及《人民法院办理刑事案件庭前会议规程(试行)》第3条第2款的规定制作。

法律依据

一、直接依据

1.《刑事诉讼法》

第一百八十七条第二款　在开庭以前，审判人员可以召集公诉人、当事人和辩护人、诉讼代理人，对回避、出庭证人名单、非法证据排除等与审判相关的问题，了解情况，听取意见。

2.《人民法院办理刑事案件庭前会议规程(试行)》

第三条第二款　公诉人、辩护人应当参加庭前会议。根据案件情况，被告人可以参加庭前会议；被告人申请参加庭前会议或者申请排除非法证据等情形的，人民法院应当通知被告人到场；有多名被告人的案件，主持人可以根据案件情况确定参加庭前会议的被告人。

二、其他依据

1.《最高人民法院关于适用〈中华人民共和国刑事诉讼法〉的解释》第230条第3款

2.《最高人民法院关于全面推进以审判为中心的刑事诉讼制度改革的实施意见》第5条

3.《律师办理刑事案件规范》第80条

五、不公开审理申请书

（案件依法应不公开审理用）

文书简介

不公开审理申请书，是指辩护人、诉讼代理人根据法律规定或者其他正当事由，向人民法院提出对案件不进行公开审理的一种诉讼文书。

实务要点

实务中，准备不公开审理申请书时，要搞清哪些是法定不公开审理的案件及哪些是基于申请而不公开审理的案件。

不公开审理的案件：一类是法定不公开审理，指涉及国家秘密、个人隐私、开庭审理时被告人不满18周岁的案件；法律另有规定不公开审理的案件。法律另有规定不公开审理的案件，是涉及商业秘密的案件，由申请人申请而不公开。

不公开审理申请书，最迟应于法院决定开庭审理前提出。

文书范例

不公开审理申请书

（_____涉嫌_____罪一案）

申请人：_____律师事务所_____律师，系犯罪嫌疑人_____的辩护人。

联系方式：_____

申请事项：

不公开审理你院(_____)_____号_____（写明被告人和案由）一案。

事实和理由：

申请人作为_____人_____委托的_____（辩护人/诉讼代理人），____涉嫌_____一案，因涉及如下不公开审理情形：

_____。

（注：写明申请不公开审理的事实和理由）

根据《中华人民共和国刑事诉讼法》第一百八十八条的规定，特此申请贵院对本案进行不公开审理。

此致

_____人民法院

申请人：_____

____年____月____日

【说明】

本样式根据《刑事诉讼法》第188条制作，供人民法院受理刑事案件后，可由辩护律师或诉讼代理人向人民法院申请不公开审理适用。

法律依据

一、直接依据

《刑事诉讼法》

第一百八十八条 人民法院审判第一审案件应当公开进行。但是有关国家秘密或者个人隐私的案件，不公开审理；涉及商业秘密的案件，当事人申请不公开审理的，可以不公开审理。

不公开审理的案件，应当当庭宣布不公开审理的理由。

二、其他依据

1.《刑事诉讼法》第274条

2.《最高人民法院关于适用〈中华人民共和国刑事诉讼法〉的解释》第186、467条

六、关于组成七人合议庭审理申请书

（案件需组成七人合议庭审理用）

文书简介

关于组成七人合议庭审理申请书，是指辩护人针对可能判处 10 年以上有期徒刑、无期徒刑、死刑，或涉及征地拆迁、生态环境保护、食品药品安全以及其他具有社会影响的重大刑事案件，向一审人民法院提出组成七人合议庭予以审理的申请文书。

实务要点

1. 鉴于法律规定组成七人合议庭审理的条款重心体现在"社会影响重大"及中级人民法院或高级人民法院的审级上，所以辩护人在写这个文书时，需要对承办的案件进行分析，尽量突出存在以下情形：

（1）本案是否为中级人民法院或高级人民法院审理的一审刑事案件；

（2）本案是不是该地区/法院的"第一案"；

（3）本案被诉人数是否众多、涉嫌罪名是否为多个，案卷是否海量；

（4）本案是否涉及征地拆迁、生态环境保护、食品药品安全类型或者属于新类型的疑难案件。

2. 如果案件存在专业性，申请中提出应当由符合专业需求的、具有相应专业知识的人民陪审员来担任合议庭成员。

3. 本文书应当在法院开庭审理前提出。

文书范例

关于组成七人合议庭审理申请书

（_____涉嫌_____罪一案）

申请人：_____律师事务所_____律师，系犯罪嫌疑人_____的辩护人。

联系方式：_____

被申请机关：_____人民法院

申请事项：

申请对被告人被诉_____案件组成七人合议庭予以审理。

事实和理由：

_____因涉嫌_____罪已由贵院于_____年____月____日受理。申请人作为_____的辩护人，经会见并阅卷后，认为本案符合法律司法解释关于组成七人合议庭审理的法定情形。

案件事实：_____。

主要理由：_____。

（注：阐述本案情形符合《最高人民法院关于适用〈中华人民共和国刑事诉讼法〉的解释》第213条第2款及《人民陪审员法》第16条的法定情形）

该案社会影响重大，符合组成七人合议庭审理的法定情形，申请人特此申请，望贵院依法审判员和人民陪审员组成七人合议庭进行审理。

此致

_____人民法院

申请人：_____
____年____月____日

【说明】

本文书依据《最高人民法院关于适用〈中华人民共和国刑事诉讼法〉的解释》第213条第2款及《人民陪审员法》第16条等规定制作。

法律依据

一、直接依据

1.《最高人民法院关于适用〈中华人民共和国刑事诉讼法〉的解释》

第二百一十三条第二款　基层人民法院、中级人民法院、高级人民法院审判下列第一审刑事案件,由审判员和人民陪审员组成七人合议庭进行:

（一）可能判处十年以上有期徒刑、无期徒刑、死刑,且社会影响重大的;

（二）涉及征地拆迁、生态环境保护、食品药品安全,且社会影响重大的;

（三）其他社会影响重大的。

2.《人民陪审员法》

第十六条　人民法院审判下列第一审案件,由人民陪审员和法官组成七人合议庭进行:

（一）可能判处十年以上有期徒刑、无期徒刑、死刑,社会影响重大的刑事案件;

（二）根据民事诉讼法、行政诉讼法提起的公益诉讼案件;

（三）涉及征地拆迁、生态环境保护、食品药品安全,社会影响重大的案件;

（四）其他社会影响重大的案件。

二、其他依据

1.《刑事诉讼法》第 183 条第 1 款

2.《人民陪审员法》第 14、17、22 条

3.《最高人民法院关于适用〈中华人民共和国刑事诉讼法〉的解释》第 214、215 条

4.《最高人民法院关于适用〈中华人民共和国人民陪审员法〉若干问题的解释》第 3 条第 2 款、第 9 条

5.《最高人民法院关于人民法院合议庭工作的若干规定》第 1 条

6.《最高人民法院关于进一步加强合议庭职责的若干规定》第 1、2 条

七、适用简易程序或刑事速裁程序申请书

(案件符合简易或速裁程序时用)

📄 文书简介

适用简易程序或刑事速裁程序申请书,是指对于符合简易程序或速裁程序的案件,辩护人在征得被告人同意后,向检察院或法院提出检察院在移送起诉建议人民法院适用简易程序/速裁程序或直接建议人民法院适用简易程序/速裁程序予以审理的申请文书。

🎯 实务要点

对满足事实清楚、证据充分,被告人承认自己所犯罪行、认罪认罚的案件,为实现当事人利益最大化,可以接受程序从简,谋求实体从宽。因此如检察院未表示要对法院提出从简、从速建议或公诉后未提从简、从速建议,则辩护人在征得被告人同意后,可以向检察机关或直接向法院提出该申请。

对于不符合简易程序/速裁程序予以审理案件,切不可提出本申请。

📄 文书范例

适用简易程序或刑事速裁程序申请书

(_____涉嫌_____罪一案)

申请人:_____律师事务所_____律师,系犯罪嫌疑人_____的辩护人。

联系方式：_____

申请事项：

被告人_____涉嫌_____一案可以适用简易程序/刑事速裁程序予以审理。

申请理由：

对_____涉嫌_____一案已由贵院受理，作为被告人_____的辩护律师，认为本案_____。（注：适用简易程序审理需写明案件满足事实清楚、证据充分，被告人承认自己所犯罪行，对指控犯罪事实无异议，本人表态适用简易程序无异议，不存在不适用简易程序的情形；适用速裁程序审理需写明案件满足可能判处3年以下有期徒刑以下刑罚，案件事实清楚、证据确实充分，被告人认罪认罚并同意适用速裁程序）

根据《中华人民共和国刑事诉讼法》第二百一十四条适用简易程序/第二百二十二条适用速裁程序的规定，特此申请贵检察院建议法院（或贵法院）对案件适用简易程序/速裁程序予以审理。

请予许可。

此致

_____人民检察院/人民法院

申请人：_____（签名）

___年___月___日

【说明】

本文书根据《刑事诉讼法》第214条及第222条的规定制作。

法律依据

一、直接依据

《刑事诉讼法》

第二百一十四条 基层人民法院管辖的案件，符合下列条件的，可以适用简易程序审判：

（一）案件事实清楚、证据充分的；

（二）被告人承认自己所犯罪行，对指控的犯罪事实没有异议的；

（三）被告人对适用简易程序没有异议的。

人民检察院在提起公诉的时候,可以建议人民法院适用简易程序。

第二百二十二条 基层人民法院管辖的可能判处三年有期徒刑以下刑罚的案件,案件事实清楚,证据确实、充分,被告人认罪认罚并同意适用速裁程序的,可以适用速裁程序,由审判员一人独任审判。

人民检察院在提起公诉的时候,可以建议人民法院适用速裁程序。

二、其他依据

1.《刑事诉讼法》第 215～221、223～226 条
2.《最高人民法院关于适用〈中华人民共和国刑事诉讼法〉的解释》第 359～377 条
3.《人民检察院刑事诉讼规则》第 430～437、439～444 条
4.《律师办理刑事案件规范》第 183 条

八、简易程序/速裁程序转为普通程序审理申请书

（案件应由简易程序或速裁程序转为普通程序用）

文书简介

简易程序/速裁程序转为普通程序审理申请书,是指对于应当适用普通程序审理的案件,因检察院的建议或法院确定按照简易程序或速裁程序予以审理时,辩护人向人民法院提出案件应当转为普通程序予以审理的申请文书。

实务要点

（一）及时与被告人沟通,并要"火眼金睛"

因被告人对刑事法律知识的匮乏,对于简易程序、速裁程序不够理解,而接受简

易程序、速裁程序。当辩护人对案件进行全面审查后,认为被告人无罪或其认罪是因受威胁、引诱、欺骗或刑讯逼供等非法方式形成时,以及案件依法不应当适用简易程序、速裁程序审理时,应当和被告人进行客观分析。最好是在征得被告人认可后,向法院提出书面建议,要求变更为普通程序审理,避免出现错案及遗漏代理程序。

(二)清楚具体哪些情形应当将简易程序、速裁程序转为普通程序审理

1. 简易程序应当转为普通程序情形包括:被告人的行为可能不构成犯罪的;被告人可能不负刑事责任的;被告人当庭对起诉指控的犯罪事实予以否认的;案件事实不清、证据不足的;不应当或者不宜适用简易程序的其他情形(具体是指:被告人是盲、聋、哑人的;被告人是尚未完全丧失辨认或者控制自己行为能力的精神病人的;案件有重大社会影响的;共同犯罪案件中部分被告人不认罪或者对适用简易程序有异议的;辩护人作无罪辩护的;被告人认罪但经审查认为可能不构成犯罪的)。

2. 速裁程序应当转为普通程序情形包括:被告人的行为可能不构成犯罪或者不应当追究刑事责任的;被告人违背意愿认罪认罚的;被告人否认指控的犯罪事实的;案件疑难、复杂或者对适用法律有重大争议的;其他不宜适用速裁程序的情形(具体是指:被告人是盲、聋、哑人的;被告人是尚未完全丧失辨认或者控制自己行为能力的精神病人的;被告人是未成年人的;案件有重大社会影响的;共同犯罪案件中部分被告人对指控的犯罪事实、罪名、量刑建议或者适用速裁程序有异议的;被告人与被害人或者其法定代理人没有就附带民事诉讼赔偿等事项达成调解、和解协议的;辩护人作无罪辩护的)。

(三)发现存在应当将简易程序、速裁程序转为普通程序审理的情形,应当马上向法院提出,并提交申请书

文书范例

简易程序/速裁程序转为普通程序审理申请书

(_____涉嫌_____罪一案)

申请人:_____律师事务所_____律师,系犯罪嫌疑人_____的辩护人。

联系方式:_____

申请事项:

请求对被告人涉嫌_____罪一案由简易程序/速裁程序转为普通程序审理。

申请理由：

被告人涉嫌_____一案已由贵院通知按照简易程序/速裁程序予以审理。辩护人经阅卷和会见被告人后，认为本案不应适用简易程序/速裁程序审理。

相关理由：_____。

（注：重点阐述具有《刑事诉讼法》第215条规定不适用简易程序的情形，以及《刑事诉讼法》第223条规定或者第226条规定不宜适用速裁程序审理的情形）

鉴于以上事由，特根据《中华人民共和国刑事诉讼法》第二百一十五条，不应适用简易程序（或《中华人民共和国刑事诉讼法》第二百二十三条及第二百二十六条之规定，不应适用速裁程序审理），依法应转为普通程序予以审理。特此向贵院提出书面申请。

恳请贵院依法准许该项申请。

此致

_____人民法院

申请人：_____

____年____月____日

【说明】

本文书系根据《刑事诉讼法》第215条、第223条及第226条之规定制作的。

法律依据

一、直接依据

《刑事诉讼法》

第二百一十五条　有下列情形之一的，不适用简易程序：

（一）被告人是盲、聋、哑人，或者是尚未完全丧失辨认或者控制自己行为能力的精神病人的；

（二）有重大社会影响的；

（三）共同犯罪案件中部分被告人不认罪或者对适用简易程序有异议的；

（四）其他不宜适用简易程序审理的。

第二百二十三条　有下列情形之一的，不适用速裁程序：

（一）被告人是盲、聋、哑人，或者是尚未完全丧失辨认或者控制自己行为能力的精神病人的；

（二）被告人是未成年人的；

（三）案件有重大社会影响的；

（四）共同犯罪案件中部分被告人对指控的犯罪事实、罪名、量刑建议或者适用速裁程序有异议的；

（五）被告人与被害人或者其法定代理人没有就附带民事诉讼赔偿等事项达成调解或者和解协议的；

（六）其他不宜适用速裁程序审理的。

第二百二十六条　人民法院在审理过程中，发现有被告人的行为不构成犯罪或者不应当追究其刑事责任、被告人违背意愿认罪认罚、被告人否认指控的犯罪事实或者其他不宜适用速裁程序审理的情形的，应当按照本章第一节或者第三节的规定重新审理。

二、其他依据

1.《刑事诉讼法》第 214、216、217、222 条

2.《最高人民法院关于适用〈中华人民共和国刑事诉讼法〉的解释》第 360、368、370、375～377 条

3.《律师办理刑事案件规范》第 179、180、185、186、193 条

九、延期审理申请书

（申请案件延期审理用）

文书简介

延期审理申请书，是指在人民法院开庭审理案件时，遇有法律规定的特殊情形，致使法庭审理无法按期进行或无法继续进行，刑事案件当事人及其委托的辩

护人或诉讼代理人向人民法院提交的,请求人民法院延期审理的法律文书。

实务要点

注意申请延期审理的法定情形以及必要性,否则法院可能对此申请不予同意。

1. 控辩双方申请通知新的证人到庭,调取新的证据,申请重新鉴定或者勘验的,应当提供证人的基本信息、证据的存放地点,说明拟证明的事项,申请重新鉴定或者勘验的理由。法庭认为有必要的,应当同意,并宣布休庭;根据案件情况,可以决定延期审理。

2. 控方提出出示庭前未提交证据或在案证据材料中证人名单以外的证人出庭作证,且上述证据对辩方不利的,辩护人有权提出延期审理。

3. 当庭,当事人、辩护人、公诉人有异议且对定罪量刑有重大影响的证人证言,辩护人可以申请法庭通知证人出庭作证,需要提出延期审理。

4. 申请回避导致不能进行审判的,需要提出延期审理。

文书范例

<h3 style="text-align:center">延期审理申请书</h3>

(_____涉嫌_____罪一案)

申请人:_____律师事务所_____律师,系犯罪嫌疑人_____的辩护人。

联系方式:_____

申请事项:

对被告人_____案件延期审理。

申请理由:

作为_____(委托人姓名与案由)_____案委托的辩护人(或诉讼代理人)。由于:_____。

(注:写清符合需要延期审理的法定情形,如需要通知新的证人到庭,调取新

的物证,重新鉴定或者勘验的或由于申请回避而不能进行审判等情形)

基于以上事实,现根据《中华人民共和国刑事诉讼法》第二百零四条第____项及其《最高人民法院关于适用〈中华人民共和国刑事诉讼法〉的解释》第____条的规定,特提请法庭延期审理。

此致

_____人民法院

申请人:_____(签名)

____年____月____日

【说明】

本文书根据《刑事诉讼法》第204条及其司法解释的相关规定制作。

法律依据

一、直接依据

《刑事诉讼法》

第二百零四条 在法庭审判过程中,遇有下列情形之一,影响审判进行的,可以延期审理:

(一)需要通知新的证人到庭,调取新的物证,重新鉴定或者勘验的;

(二)检察人员发现提起公诉的案件需要补充侦查,提出建议的;

(三)由于申请回避而不能进行审判的。

二、其他依据

1.《刑事诉讼法》第205条

2.《最高人民法院关于适用〈中华人民共和国刑事诉讼法〉的解释》第271条第1款、第272条、第273条

3.《律师办理刑事案件规范》第98、111条

十、中止审理申请书

（申请案件中止审理用）

文书简介

中止审理申请书，是指刑事案件当事人及其委托的辩护人或诉讼代理人在法庭审判过程中，出现法定情形致使案件在较长时间内无法继续审理时，向人民法院提出请求中止对案件进行审理的申请文书。

实务要点

该文书写作重点是当中止审理法定情形出现后，与承办审判人员及时沟通，提交书面中止申请书，并提供相应证据。

比如，被告人患有严重疾病、无法出庭情形下，应当提供其患有严重疾病的有效医院书面诊断、病例。又如遇新冠疫情被隔离的，应提供当地疫情指挥部的公告等证据。

文书范例

中止审理申请书

（_____涉嫌_____罪一案）

申请人：_____律师事务所_____律师，系犯罪嫌疑人_____的辩护人。

联系方式：_____
申请事项：
对被告人_____案件延期审理。
申请理由：
作为_____（委托人姓名与案由）_____案委托的辩护人（或诉讼代理人）。由于：_____。
（注：写清符合需要中止审理的法定情形，如被告人患有严重疾病、无法出庭的；被告人目前脱逃的；自诉人患有严重疾病、无法出庭，未委托诉讼代理人出庭的；由于不能抗拒的原因，如受新冠疫情影响被封闭隔离等）

基于以上事实，现根据《中华人民共和国刑事诉讼法》第二百零六条第__项的规定，特提请法庭延期审理。
此致
_____人民法院

申请人：_____（签名）
____年____月____日

【说明】
本文书根据《刑事诉讼法》第206条之规定制作。

法律依据

一、直接依据

《刑事诉讼法》

第二百零六条 在审判过程中，有下列情形之一，致使案件在较长时间内无法继续审理的，可以中止审理：

（一）被告人患有严重疾病，无法出庭的；

（二）被告人脱逃的；

（三）自诉人患有严重疾病，无法出庭，未委托诉讼代理人出庭的；

（四）由于不能抗拒的原因。

中止审理的原因消失后，应当恢复审理。中止审理的期间不计入审理期限。

二、其他依据

《最高人民法院关于适用〈中华人民共和国刑事诉讼法〉的解释》第 257 条

十一、带律师助理参加庭审活动申请书

（申请助理参加庭审活动用）

文书简介

带律师助理参加庭审活动申请书，是指出庭辩护人为更好地完成出庭辩护，根据需要，向人民法院提出带律师助理出庭进行相关辅助工作的申请文书。

实务要点

按照《人民检察院刑事诉讼规则》第 390 条第 2 款"公诉人应当由检察官担任。检察官助理可以协助检察官出庭。根据需要可以配备书记员担任记录"、第 394 条"人民法院通知人民检察院派员参加庭前会议的，由出席法庭的公诉人参加。检察官助理可以协助。根据需要可以配备书记员担任记录"的规定，律师出庭，面对同等的工作量以及按照对等原则，也应同等配备和需要律师助理予以辅助。

《最高人民法院关于依法切实保障律师诉讼权利的规定》第 3 条明确了"律师带助理出庭的，应当准许"。所以，针对案件需要，出庭律师可以视情况而定，提出助理出庭参加辅助工作，法院应当准许。

本文书应当在开庭审理前向法院提出。

文书范例

带律师助理参加庭审活动申请书

(_____涉嫌_____罪一案)

申请人：_____律师事务所_____律师，系犯罪嫌疑人_____的辩护人。

联系方式：_____

申请事项：

申请带_____实习律师作为申请人的助理出席贵院审理的_____涉嫌_____一案的庭前会议及庭审。

申请理由：

申请人系贵院审理的_____一案被告人_____的辩护人，为了更好地参与诉讼活动，保障有效辩护效果，节约诉讼资源。申请人需要带_____实习律师作为助理，参加庭前会议及庭审，从事帮助记录等相关辅助工作。

依据最高人民法院《关于依法保障律师执业权利的规定》第二十五条第二款规定，申请人提出如上申请，恳请准予。

此致

_____人民法院

申请人：_____
____年____月____日

【说明】

本文书依据《最高人民法院、最高人民检察院、公安部、国家安全部、司法部关于依法保障律师执业权利的规定》第 25 条第 2 款的规定制作。

法律依据

一、直接依据

《最高人民法院、最高人民检察院、公安部、国家安全部、司法部关于依法保障律师执业权利的规定》

第二十五条第二款 律师可以根据需要，向人民法院申请带律师助理参加庭审。律师助理参加庭审仅能从事相关辅助工作。

二、其他依据

1.《最高人民法院关于依法切实保障律师诉讼权利的规定》"三、依法保障律师出庭权。"

2.《律师办理刑事案件规范》第 15 条

十二、通知证人出庭申请书

（申请证人出庭用）

文书简介

通知证人出庭申请书，是指在法庭审理过程中，当事人或辩护人、诉讼代理人向人民法院提交要求证人出庭的书面文书。

实务要点

1. 鉴于证人感知、记忆、表达的问题或存在和被害人、被告人存在利害关系、被侦查机关刑讯逼供等非法取证等问题，难免会出现证言具有一定的主观性、片面性、虚假性的情况。申请证人出庭作证，接受控辩双方交叉质询，有利于法庭查清案情真相。故凡是对证人证言有异议，且该证人证言对案件定罪量刑有重大影响的，均应申请证人出庭。

2. 申请的证人能否被法院同意出庭，关键在于人民法院是否认为证人有必要。证人出庭率在国内很低，这是目前司法现状。所以，申请文书要特别强调该证人出庭的必要性，即该证人证言陈述"对案件定罪量刑有重大影响的"，才属于应当通知证人出庭的情形，尽量避免无效申请。

3. 申请证人出庭的目的,是通过对到庭证人的交叉询问以及法官询问,使法庭能够直接审查证人的作证资格、感知能力、记忆能力、表达能力以及主、客观因素对证人作证的影响,以便辨别证言的真伪,使辩护人最终实现有效质证。

但是不容乐观的是,即便通过交叉询问,证人当庭作出的证言与其庭前证言存在矛盾的,法院仍不能采信,除非证人能够作出合理解释,并与相关证据印证。所以,不仅证人自己要有合理解释,如被威胁等情形,还需要辩护人在卷内、卷外发现和提供相关证据与证人当庭证言予以印证。这样法院才会采纳证人的庭审证言。

4. 交叉询问后,对证人证言发表质证意见时,离不开证据规则的运用,辩护人应重点对证言的关联性、合法性、真实性进行全面质证。如证人证言与待证事实无关联,这是证据的首要属性;证人证言收集不合法(收集主体、程序违法、内容是否系刑讯逼供或非法取证等需排除情形),这是证据能否采信的保障。对以下涉及证据的真实性的因素也应认真分析:如证人与本案有利害关系;证人缺乏作证能力;证言系传来证据;证人作出猜测性、推断性、评论性证言;证人证言反复变化、前后不一、相互矛盾;证言之间无法相互印证;证人证言与其他证据无法相互印证;等等。注意是否存在"先证后供与先供后证"问题。如果证人经申请拒不出庭,证言真实性无法确认。

5. 于通知证人出庭申请书的提交时间,建议在案件移交法院起诉后,根据案情的需要,及早向法院提出。

文书范例

<h2 style="text-align:center">通知证人出庭申请书</h2>

(_____涉嫌_____罪一案)

申请人:_____律师事务所_____律师,系犯罪嫌疑人_____的辩护人。

联系方式:_____

申请事项:

请求依法通知证人_____出庭作证。

申请理由：

证人_____系贵院受理的_____涉嫌_____一案的证人。证人在本案中证实以下相关事实：_____。

相关理由：_____。

（注：重点阐述对证人证言存有异议，该证人证言对案件定罪量刑有重大影响，且有必要出庭作证。否则，其庭前证言的真实性将无法确认）

特根据《中华人民共和国刑事诉讼法》第一百九十二条、《最高人民法院关于适用〈中华人民共和国刑事诉讼法〉的解释》第二百四十九条之规定，考虑到抗辩双方对_____的证言存在异议，且该证人证言对案件定罪量刑有重大影响，特此向贵院提出依法通知上述人员出庭作证的书面申请。

恳请贵院依法准许该项申请。

此致

_____人民法院

申请人：_____
____年____月____日

【说明】

本文书根据《刑事诉讼法》第192条及《最高人民法院关于适用〈中华人民共和国刑事诉讼法〉的解释》第249条的规定制作。

法律依据

一、直接依据

1.《刑事诉讼法》

第一百九十二条第一款、第二款　公诉人、当事人或者辩护人、诉讼代理人对证人证言有异议，且该证人证言对案件定罪量刑有重大影响，人民法院认为证人有必要出庭作证的，证人应当出庭作证。

人民警察就其执行职务时目击的犯罪情况作为证人出庭作证，适用前款规定。

2.《最高人民法院关于适用〈中华人民共和国刑事诉讼法〉的解释》

第二百四十九条　公诉人、当事人或者辩护人、诉讼代理人对证人证言有异议，且该证人证言对定罪量刑有重大影响，或者对鉴定意见有异议，人民法院认为证人、鉴定人有必要出庭作证的，应当通知证人、鉴定人出庭。

控辩双方对侦破经过、证据来源、证据真实性或者合法性等有异议，申请调查人员、侦查人员或者有关人员出庭，人民法院认为有必要的，应当通知调查人员、侦查人员或者有关人员出庭。

二、其他依据

1.《最高人民法院关于适用〈中华人民共和国刑事诉讼法〉的解释》第246、247、255条

2.《人民法院办理刑事案件第一审普通程序法庭调查规程（试行）》第13条

3.《最高人民法院、最高人民检察院、公安部、国家安全部、司法部关于推进以审判为中心的刑事诉讼制度改革的意见》第12条

4.《最高人民法院关于全面推进以审判为中心的刑事诉讼制度改革的实施意见》第14、29条

5.《律师办理刑事案件规范》第81、98、110、113条

6.《宁夏回族自治区高级人民法院、宁夏回族自治区人民检察院、宁夏回族自治区公安厅、宁夏回族自治区司法厅、宁夏回族自治区财政厅关于刑事案件证人、鉴定人及有专门知识的人出庭的实施办法（试行）》第6条

十三、传唤被害人出庭作证申请书
（申请被害人出庭用）

文书简介

传唤被害人出庭作证申请书，是指在法庭审理过程中，当事人或辩护人、诉讼代理人向人民法院提交的要求被害人出庭的书面文书。

实务要点

（一）被害人出庭率低，对于申请后能否出庭，心理要有预期

《刑事诉讼法》及相关司法解释规定，被害人是刑事诉讼中的当事人之一，法院应当在开庭 3 日前通知其到庭。可是从当前司法现状来看，被害人出庭率低得可怜。个别法院几年间的被害人出庭率也就在 1% 左右，甚至更低。

（二）对自相矛盾且对案件定罪量刑有重大影响的被害人陈述，应当申请其出庭

在有被害人的刑事案件中，被害人是言词证据的提供者，具有证人的地位，对案件真实情况提供陈述或者证言。法律要求被害人承担如实陈述或者作证的义务。然而，被害人同时也是直接权益受损害的受害人，因此其陈述或证言，可能有出于报复而有意夸大事实，或由于慌张，记忆不准等情况。所以仅靠侦查机关采集的笔录，不足以客观反映案件真相。经过纵向比对其陈述，可能发现前后严重自相矛盾，或经过横向比对，发现与其他证据存在矛盾时，其该陈述对定罪量刑有重大影响的，辩护人有必要申请其出庭作证，接受交叉发问，这样有利于法院查清案件事实、作出公正裁判。

此文书写作时，要重点突出：被害人陈述"自相矛盾"和"对案件定罪量刑有重大影响"。

（三）对被害人陈述的审查与认定，参照适用证人证言的有关规定

即便通过交叉发问，被害人庭审上改变陈述，也需要有合理解释和有关证据的相互印证。辩护人还要善于发现卷内或卷外证据来印证被害人庭审陈述的真实性，否则法院仍会采纳被害人庭前陈述。同时质证时，要善用法律、司法解释规定的证据规则，发表有效质证意见。

（四）《传唤申请被害人出庭作证申请书》提交法院时间

案件起诉到法院后，根据案情需要，应当及早提交本申请文书，便于法院通知传唤。

文书范例

传唤被害人出庭作证申请书

（_____涉嫌_____罪一案）

申请人：_____律师事务所_____律师，系犯罪嫌疑人_____的辩护人。

联系方式：_____

申请事项：

传唤被害人_____出庭作证。

申请理由：

贵院受理的被告人_____被控_____一案，作为被告人的辩护律师，通过查阅发现被害人_____对本案关键事实的陈述，存在_____（注：重点阐述被害人陈述存在严重自相矛盾或其他证据存在矛盾）的问题。

辩护人认为，被害人_____应出庭，理由如下：_____。

（注：重点阐述被害人作为本案当事人，其陈述的事实又对本案定罪、量刑有重大影响，人民法院有必要传唤其出庭作证）

综上所述，为了查清案件事实，辩护人特根据《中华人民共和国刑事诉讼法》第一百零八条第二项、第一百八十七条第三款之规定，申请传唤被害人_____出庭作证。

请予准许！

此致

_____人民法院

申请人：_____

____年____月____日

【说明】

本文书根据《刑事诉讼法》第108条第2项、第187条第3款之规定制作。

法律依据

一、直接依据

《刑事诉讼法》

第一百零八条 本法下列用语的含意是：

……

（二）"当事人"是指被害人、自诉人、犯罪嫌疑人、被告人、附带民事诉讼的原告人和被告人；

……

第一百八十七条第三款 人民法院确定开庭日期后，应当将开庭的时间、地点通知人民检察院，传唤当事人，通知辩护人、诉讼代理人、证人、鉴定人和翻译人员，传票和通知书至迟在开庭三日以前送达。公开审判的案件，应当在开庭三日以前先期公布案由、被告人姓名、开庭时间和地点。

二、其他依据

1.《最高人民法院关于适用〈中华人民共和国刑事诉讼法〉的解释》第91、92条

2.《人民法院办理刑事案件第一审普通程序法庭调查规程（试行）》第13条

十四、鉴定人出庭申请书

（申请鉴定人出庭用）

文书简介

鉴定人出庭申请书，是指公诉人、当事人、辩护人、诉讼代理人针对作为刑事案件证据的司法鉴定意见有异议，向人民法院申请出具该司法鉴定意见的司法鉴

定人出庭,对其作出的鉴定意见,从鉴定依据、鉴定步骤、鉴定方法、可靠程度等方面进行解释和说明,并在法庭上当面回答控辩双方及法院质询和提问的申请文书。

实务要点

(一)对鉴定意见要大胆质疑,并申请鉴定人出庭

根据修改后的《刑事诉讼法》,鉴定意见作为一种独立的言词证据,应当接受控辩双方的发问,经查证属实后,方能作为定案根据。鉴定意见是"人"进行的分析和判断,是"人"就可能犯错误。鉴于鉴定人能否完成出庭接受质询任务,关系鉴定意见能否被采纳,关系检察机关指控能否成立,所以辩护人要做到大胆质疑和依法申请鉴定人出庭,当庭质询,继而作出有效质证。

(二)申请司法鉴定人出庭,需满足一定的条件

《刑事诉讼法》第192条第3款规定,"公诉人、当事人或者辩护人、诉讼代理人对鉴定意见有异议,人民法院认为鉴定人有必要出庭的,鉴定人应当出庭作证"。可见,司法鉴定人出庭,需满足:(1)公诉人、当事人或辩护人、诉讼代理人对鉴定意见有异议;(2)法院认为有必要。仅仅提出异议申请出庭,并不一定被法院认为"有必要"。所以准备该申请书时,要重点强调出庭"必要性"。关于何为"必要性",至今法律没有明确规定,按照常规理解,其标准应该是"对案件的定罪量刑有重大影响"。

2019年1月2日,印发的《宁夏回族自治区高级人民法院、宁夏回族自治区人民检察院、宁夏回族自治区公安厅、宁夏回族自治区司法厅、宁夏回族自治区财政厅关于刑事案件证人、鉴定人及有专门知识的人出庭的实施办法(试行)》第7条规定,"具有下列情形之一,人民检察院、当事人及其法定代理人、辩护人、诉讼代理人对鉴定意见有异议,申请鉴定人或者有专门知识的人出庭,人民法院审查认为有必要,决定同意申请的,应当通知鉴定人或者有专门知识的人出庭:(一)检材的收集、提取、保管或者鉴定程序、方法,可能违反法律及相关规定的;(二)同一事项存在多份鉴定意见,且鉴定意见差异较大的;(三)鉴定依据、论证分析过程与鉴定意见存在矛盾的;(四)鉴定意见不明确的;(五)对鉴定意见争议较大的;(六)认为有必要出庭的其他情形"。

上述六种情形,是地方刑事司法政策量化了人民法院认为鉴定人应当出庭的

"必要"情形。不妨结合案件,参照借鉴其中的情形。

(三)司法鉴定质证重点

一般应当重点从以下几方面进行质证:(1)鉴定人与案件有无利害关系;(2)鉴定人与被告人、被害人有无利害关系;(3)鉴定机构和鉴定人有无合法资质;(4)鉴定程序、过程、方法是否符合法律、法规的规定以及专业规范要求;(5)检材的来源、取得、保管、送检是否符合法律及有关规定;(6)鉴定意见是否明确,形式要件是否完备;(7)鉴定意见与案件待证事实有无关联;(8)鉴定意见与其他证据之间有无矛盾;(9)需要质证的其他情形。涉及具体案件的司法鉴定意见的质证,还要具体问题具体分析。

(四)《鉴定人出庭申请书》提交时间

对鉴定意见确有异议后,应当及时提出,最迟应当在法院决定开庭前提出,便于法院通知鉴定人到庭。

文书范例

<h2 style="text-align:center">鉴定人出庭申请书</h2>

(_____涉嫌_____罪一案)

申请人:_____律师事务所_____律师,系犯罪嫌疑人_____的辩护人。

联系方式:_____

申请事项:

申请通知鉴定人_____出庭作证。

申请理由:

贵院受理的_____涉嫌_____一案,_____司法鉴定中心受办案单位的委托对_____进行了_____性质的司法鉴定,并出具了《鉴定意见书》。

辩护人对该鉴定意见有异议:_____。

(注:重点阐述在程序/实体上有异议,且该鉴定意见对被告人的定罪、量刑有重大影响)

为此,特根据《中华人民共和国刑事诉讼法》第一百八十七条第三款、第一百九十二条之规定,申请鉴定人_____出庭作证。恳请依法准许并通知鉴定人出庭作证。

　　此致

　　_____人民法院

申请人：_____
___年___月___日

【说明】

本文书根据《刑事诉讼法》第 187 条、第 192 条之规定制作。

法律依据

一、直接依据

《刑事诉讼法》

第一百八十七条　人民法院决定开庭审判后，应当确定合议庭的组成人员，将人民检察院的起诉书副本至迟在开庭十日以前送达被告人及其辩护人。

在开庭以前，审判人员可以召集公诉人、当事人和辩护人、诉讼代理人，对回避、出庭证人名单、非法证据排除等与审判相关的问题，了解情况，听取意见。

人民法院确定开庭日期后，应当将开庭的时间、地点通知人民检察院，传唤当事人，通知辩护人、诉讼代理人、证人、鉴定人和翻译人员，传票和通知书至迟在开庭三日以前送达。公开审判的案件，应当在开庭三日以前先期公布案由、被告人姓名、开庭时间和地点。

……

第一百九十二条　公诉人、当事人或者辩护人、诉讼代理人对证人证言有异议，且该证人证言对案件定罪量刑有重大影响，人民法院认为证人有必要出庭作证的，证人应当出庭作证。

人民警察就其执行职务时目击的犯罪情况作为证人出庭作证，适用前款规定。

公诉人、当事人或者辩护人、诉讼代理人对鉴定意见有异议，人民法院认为鉴定人有必要出庭的，鉴定人应当出庭作证。经人民法院通知，鉴定人拒不出庭作证的，鉴定意见不得作为定案的根据。

二、其他依据

1.《全国人民代表大会常务委员会关于司法鉴定管理问题的决定》第 111 条

2.《最高人民法院关于适用〈中华人民共和国刑事诉讼法〉的解释》第 99、249 条

3.《人民法院办理刑事案件第一审普通程序法庭调查规程(试行)》第 12、13 条

4.《最高人民法院、最高人民检察院、公安部、国家安全部、司法部关于办理死刑案件审查判断证据若干问题的规定》第 24 条

5.《公安机关办理刑事案件程序规定》第 256 条

6.《公安部关于发布〈公安机关鉴定规则〉和鉴定文书式样的通知》第 53、54 条

7.《司法鉴定程序通则》第 43~46 条

8.《司法部关于进一步规范和完善司法鉴定人出庭作证活动的指导意见》

9.《最高人民法院、最高人民检察院、公安部、国家安全部、司法部关于推进以审判为中心的刑事诉讼制度改革的意见》第 12 条

10.《最高人民法院关于全面推进以审判为中心的刑事诉讼制度改革的实施意见》第 15、29 条

11.《律师办理刑事案件规范》第 81、101 条

12.《宁夏回族自治区高级人民法院、宁夏回族自治区人民检察院、宁夏回族自治区公安厅、宁夏回族自治区司法厅、宁夏回族自治区财政厅关于刑事案件证人、鉴定人及有专门知识的人出庭的实施办法(试行)》第 7 条

13.《山东省高级人民法院 山东省人民检察院 山东省公安厅关于侦查人员、鉴定人、有专门知识的人出庭的规定(试行)》第 3 条

十五、有专门知识的人出庭申请书

(申请专门知识的人出庭用)

文书简介

有专门知识的人出庭申请书,是指公诉人、辩护人对司法鉴定意见有异议或者认为有必要时,向人民法院提请在一定领域内具有相应专业知识或者实践经验

的人员出庭,就案件涉及的鉴定意见提出意见的申请文书。

🎯 实务要点

(一)申请专家辅助人出庭的必要性

鉴于有司法鉴定的刑事案件中,出具鉴定意见的机构,要么是侦查机关内设的鉴定部门,要么是自行委托或聘请的,被告人及辩护人不能参与鉴定的过程,受聘鉴定机构难以保证中立性。且司法实践中,被告人仅能收到《鉴定通知书》,根本见不到《司法鉴定意见书》。为了打破这种困境,辩护人对鉴定意见有异议,可提出重新或补充鉴定,但可能遭到拒绝。辩护人提出鉴定人出庭作证,又困于对专业知识的不足,质证难以取得好的效果。故提出专家辅助人出庭,由"专家对专家",是有效质证的好办法。

(二)有专门知识的人(专家辅助人)出庭工作

可以对鉴定人作出的鉴定意见提出意见。在质证过程中,专家辅助人可以在当事人的授权下直接向鉴定人发问,也可以在当事人以及律师对鉴定人的询问中做必要的提示。

专家辅助人的专业性意见可以更好地检验鉴定意见证据能力是否具有客观性和合法性,使审判者合理判断其关联性。

(三)申请中应突出具有专业知识的人出庭的必要性,并辅以自行委托获得的司法鉴定意见

鉴于《刑事诉讼法》及其司法解释的规定是"公诉人、当事人和辩护人、诉讼代理人可以申请法庭通知有专门知识的人出庭,就鉴定人作出的鉴定意见提出意见。法庭对于上述申请,应当作出是否同意的决定"和"法庭认为有必要的,应当通知有专门知识的人出庭"。所以,申请不必然得到同意,还要法庭认为"有必要"。所以,该申请书在写作中,要突出确有"必要性"。同样可以借鉴本书《鉴定人出庭申请书》部分的内容。

另外,为了加大法庭对"必要性"的认可程度,可以依据同案的检材等材料,对同一事项自行委托司法鉴定机关,作出一份鉴定意见提交法庭,作为申请具有专业知识的人出庭的附件。

(四)多看申请专家辅助人出庭的成功案例,汲取营养

某斌投毒案,非常值得借鉴学习。开庭审理前,辩方聘请的专家辅助人就先后提交了《关于某斌投毒案理化检验报告及法医学鉴定书的专家意见》《两地专家关于某斌投毒案理化检验报告的意见》和《补充意见》等材料;庭审现场,控辩双方共派出9名专家辅助人出庭"应战",同时还有7名鉴定人出庭作证。专家辅助人的直接介入及其提出的专业意见,暴露了控方检验报告和鉴定意见的漏洞所在,否定了控方指控的中毒原因、投毒方式和毒物来源,直接影响控方检验报告和鉴定意见的真实可靠性、进而可从根本上动摇控方的证据体系,发挥了专家辅助人在刑事诉讼中"查疑证疑"的重要功能。

文书范例

有专业知识的人出庭申请书

（_____涉嫌_____罪一案）

申请人:_____律师事务所_____律师,系犯罪嫌疑人_____的辩护人。

联系方式:_____

申请事项:

申请具有专业知识的人_____出庭作证。

事实和理由:

申请人接受_____的委托和_____律师事务所的指派,在_____涉嫌____一案中担任_____的辩护人。该案已由贵院受理。现基于以下原因,申请_____具有专业知识的人_____出庭作证。

相关事实:_____。

（注:说明案件中《司法鉴定意见书》存在异议的问题）

相关理由:_____。

（注:重点阐述具有专门知识的人员可以凭借其专业技术知识,对本案《司法鉴定意见书》的鉴定程序或实体鉴定存在的问题,提出专业的意见）

为此,特根据《中华人民共和国刑事诉讼法》第一百九十七条及《最高人民法院关于适用〈中华人民共和国刑事诉讼法〉的解释》第二百五十条之规定,申请具有专业知识的人_____出庭作证。

请准许！

此致

_____人民法院

申请人：_____

____年____月____日

【说明】

本文书根据《刑事诉讼法》第197条及《最高人民法院关于适用〈中华人民共和国刑事诉讼法〉的解释》第250条之规定制作。

法律依据

一、直接依据

1.《刑事诉讼法》

第一百九十七条 法庭审理过程中，当事人和辩护人、诉讼代理人有权申请通知新的证人到庭，调取新的物证，申请重新鉴定或者勘验。

公诉人、当事人和辩护人、诉讼代理人可以申请法庭通知有专门知识的人出庭，就鉴定人作出的鉴定意见提出意见。

法庭对于上述申请，应当作出是否同意的决定。

第二款规定的有专门知识的人出庭，适用鉴定人的有关规定。

2.《最高人民法院关于适用〈中华人民共和国刑事诉讼法〉的解释》

第二百五十条 公诉人、当事人及其辩护人、诉讼代理人申请法庭通知有专门知识的人出庭，就鉴定意见提出意见的，应当说明理由。法庭认为有必要的，应当通知有专门知识的人出庭。

申请有专门知识的人出庭，不得超过二人。有多种类鉴定意见的，可以相应增加人数。

二、其他依据

1.《最高人民法院关于适用〈中华人民共和国刑事诉讼法〉的解释》第246、250、251条

2.《人民法院办理刑事案件第一审普通程序法庭调查规程（试行）》第13条

3.《最高人民检察院关于指派、聘请有专门知识的人参与办案若干问题的规

定(试行)》

4.《律师办理刑事案件规范》第81、102条

5.《宁夏回族自治区高级人民法院、宁夏回族自治区人民检察院、宁夏回族自治区公安厅、宁夏回族自治区司法厅、宁夏回族自治区财政厅关于刑事案件证人、鉴定人及有专门知识的人出庭的实施办法(试行)》第7条

6.《山东省高级人民法院 山东省人民检察院山东省公安厅关于侦查人员、鉴定人、有专门知识的人出庭规定(试行)》第4、5条

十六、翻译人员出庭申请书

（申请翻译人员出庭用）

文书简介

翻译人员出庭申请书,是指辩护人为保障聋、哑或不通晓当地通用语言文字的犯罪嫌疑人、被告人的诉讼权利,向侦查机关、检察机关、法院提交为他们提供翻译人员的申请文书。

实务要点

对于少数民族,不通晓当地通用语言文字的,以及不会中文交流的外籍犯罪嫌疑人、被告人,为保障他们能使用其惯用语言行使诉讼的权利、顺利参与庭审,申请聘用具有翻译资质的翻译人员参与庭审,是必不可少的一项重要工作。

对于聋、哑的犯罪嫌疑人、被告人,法律规定讯问时应当有通晓聋、哑手势的人参加,我们通常将他们称为翻译人员。

为了保障该项申请能够被同意,建议在申请书中强调,按照法律规定,对不

通晓当地通用语言、文字的被告人进行讯问,未提供翻译人员,制作的讯问笔录,应当排除,不得作为定案证据。那么,庭审如果没有提供翻译人员,同样存在程序违法,裁判后,如果上诉将面临撤销原判的风险,以此加强法庭对此申请的重视度。

本文书应当在法院决定开庭审理前提出。

文书范例

翻译人员出庭申请书

(_____涉嫌_____罪一案)

申请人:_____律师事务所_____律师,系犯罪嫌疑人_____的辩护人。

联系方式:_____

申请事项:

申请翻译人员_____出庭。

申请理由:

被告人_____涉嫌_____一案中,已由贵局/贵院立案侦查/审查起诉/审判,辩护人接受犯罪嫌疑人/被告人亲属_____的委托,会见了被告人_____,会见中发现犯罪嫌疑人/被告人系_____(注:如系聋、哑人或系少数民族,不通晓当地通用语言文字),办案单位存在_____(注:重点阐述如办案人员对犯罪嫌疑人/被告人讯问时,未为其提供相应翻译人员等情形)。

根据《中华人民共和国刑事诉讼法》第九条第一款的规定,为了查清本案事实及公正审判本案,作为被告人的辩护人,特请求贵院依法聘请翻译人员_____作为翻译人员出庭,负责翻译侦查机关提供的讯问同步录音录像中的语言内容及庭审中语言的翻译工作。

特此申请,请予以批准。

此致

_____人民法院

申请人:_____

_____年_____月_____日

附：
翻译人员的身份证件、单位介绍信、翻译证书、联系住址、电话。

【说明】
本文书根据《刑事诉讼法》第9条规定制作。

法律依据

一、直接依据

《刑事诉讼法》

第九条　各民族公民都有用本民族语言文字进行诉讼的权利。人民法院、人民检察院和公安机关对于不通晓当地通用的语言文字的诉讼参与人,应当为他们翻译。

在少数民族聚居或者多民族杂居的地区,应当用当地通用的语言进行审讯,用当地通用的文字发布判决书、布告和其他文件。

二、其他依据

1.《刑事诉讼法》第121条
2.《最高人民法院关于适用〈中华人民共和国刑事诉讼法〉的解释》第94条

十七、侦查人员出庭申请书

（申请侦查人员出庭用）

文书简介

侦查人员出庭申请书,是指辩护人向法院提交申请参与本刑事案件的侦查人员出庭接受质询的申请文书。

实务要点

（一）侦查人员出庭的情形

有两种：一种是人民警察就其执行职务时目击的犯罪情况作为证人出庭作证，即类似于一般证人。另一种是参与侦查职务行为的侦查人员，当控辩双方对侦破经过、证据来源、证据真实性或者证据收集合法性等有异议，可以申请侦查人员或者有关人员出庭。

（二）以法院认为确有必要为前提

申请仅是请求权，是否准许在于法院是否认为确有必要。

（三）如果侦查人员出庭，发问是关键

如果调查人员、侦查人员经申请被法院通知出庭，如何通过发问，有效否定指控，才是启动后的关键所在。网上有李永红教授总结的"向警察证人发问七步法"，值得学习[1]：

第一步，事由：非法口供排除。

第二步，线索：被告人称其有罪供述是警察威胁引诱指名问供的产物。

第三步，规范：事先熟知《刑事诉讼法》和公安部关于讯问程序的明文规定。

第四步，事实：积累关于侦查办案实践中常见的不规范做法。

第五步，细节：利用案卷、录音录像和被告人提供的信息，拟定发问提纲，把事实尽量分解成细节问题。

第六步，归谬：把警察所说的与录音录像不一致的展示出来，与法律规定不一致的给展示出来。

第七步，质证：根据法律规范，指出侦查讯问方法非法。

（四）本文书提出时间

本文书应在法院决定开庭审理前提出。

---

[1] 靖霖济南法律事务所：《技能分享：刑辩律师成长系列之三——如何发问侦查人员》，载微信公众号"靖霖律师事务所"2019年1月13日，https://mp.weixin.qq.com/s/8jexGtka3wlTMmDslk8siQ。

文书范例

侦查人员出庭申请书

（_____被控_____罪一案）

申请人：_____律师事务所_____律师，系犯罪嫌疑人_____的辩护人。

联系方式：_____

申请事项：

申请侦查人员_____出庭作证。

事实和理由

申请人接受_____的委托和_____律师事务所的指派，在_____涉嫌____一案中担任_____的辩护人。该案已由贵院受理。现分别基于以下原因，申请上述侦查人员_____出庭作证。

相关理由：_____。

（注：重点阐述对侦破经过、证据来源、证据真实性、合法性等有异议或被申请出庭作证侦查人员的职务行为对定罪、量刑有重大影响，需要出庭予以说明）

为此，特根据《中华人民共和国刑事诉讼法》第一百九十二条第二款及《最高人民法院关于适用〈中华人民共和国刑事诉讼法〉的解释》第二百四十九条第二款之规定，申请侦查人员_____出庭作证。

请准许！

此致

_____人民法院

申请人：_____

____年____月____日

【说明】

本文书根据《刑事诉讼法》第192条及最高人民法院《关于适用〈中华人民共和国刑事诉讼法〉的解释》第249条的规定制作。

法律依据

一、直接依据

1.《中华人民共和国刑事诉讼法》

第一百九十二条 公诉人、当事人或者辩护人、诉讼代理人对证人证言有异议,且该证人证言对案件定罪量刑有重大影响,人民法院认为证人有必要出庭作证的,证人应当出庭作证。

人民警察就其执行职务时目击的犯罪情况作为证人出庭作证,适用前款规定。

公诉人、当事人或者辩护人、诉讼代理人对鉴定意见有异议,人民法院认为鉴定人有必要出庭的,鉴定人应当出庭作证。经人民法院通知,鉴定人拒不出庭作证的,鉴定意见不得作为定案的根据。

2.《最高人民法院关于适用〈中华人民共和国刑事诉讼法〉的解释》

第二百四十九条 公诉人、当事人或者辩护人、诉讼代理人对证人证言有异议,且该证人证言对定罪量刑有重大影响,或者对鉴定意见有异议,人民法院认为证人、鉴定人有必要出庭作证的,应当通知证人、鉴定人出庭。

控辩双方对侦破经过、证据来源、证据真实性或者合法性等有异议,申请调查人员、侦查人员或者有关人员出庭,人民法院认为有必要的,应当通知调查人员、侦查人员或者有关人员出庭。

二、其他依据

1.《人民法院办理刑事案件第一审普通程序法庭调查规程(试行)》第12、13条

2.《最高人民法院、最高人民检察院、公安部、国家安全部、司法部关于推进以审判为中心的刑事诉讼制度改革的意见》第12条

3.《最高人民法院关于全面推进以审判为中心的刑事诉讼制度改革的实施意见》第14、29条

4.《山东省高级人民法院、山东省人民检察院山东省公安厅关于侦查人员、鉴定人、有专门知识的人出庭规定(试行)》第2条

十八、直播庭审活动申请书

（申请庭审活动直播用）

文书简介

直播庭审活动申请书，是指被告人、被害人及辩护人、诉讼代理人针对存在公众关注度较高、社会影响较大的案件，向人民法院提交将法庭审理活动予以网络直播的申请文书。

实务要点

（一）符合法定条件的案件，能申尽申

存在公众关注度较高、社会影响较大的情形，且不存在法定不得进行庭审直播、录播的案件，在征得被告人及其家属同意的基础上，建议申请庭审直播，民众在线观看，可起到社会监督的效果，继而促使法院公正裁判。

（二）庭审直不直播，最终法院说了算

《最高人民法院关于人民法院直播录播庭审活动的规定》第2条第2款规定，"检察机关明确提出不进行庭审直播、录播并有正当理由的刑事案件"，属于不得进行庭审直播、录播的情形。对于何为"正当理由"，至今尚无法律界定，各主体自然存在不同理解，这也很可能成为法院是否同意予以直播的关键。

所以，如果启动这一程序，此文书写作中，需要预先指出本案具有直播的合法、充分的理由，并予以量化。

（三）本申请宜早不宜迟

关于能否直播庭审，法院势必十分慎重，所以书面申请需要提前提出，给法院留足必要的研究时间。

📋 文书范例

直播庭审活动申请书

（_____涉嫌_____罪一案）

申请人：_____律师事务所_____律师，系犯罪嫌疑人_____的辩护人。

联系方式：_____

申请事项：

申请_____人民法院依法对被告人_____被控_____一案庭审活动进行直播。

申请理由：

被告人_____被控_____一案，贵院受理后通知定于____年__月__日上午/下午_____时在第_____法庭公开开庭审理。

因本案存在如下事实：_____。

故辩护人提出申请贵院依法对_____被控_____一案庭审活动进行直播。

相关理由：_____。

（注：重点阐述本案如何情况特殊，公众关注度较高、社会影响较大及不存在不得进行庭审直播、录播的法定情形）

特依据《最高人民法院关于人民法院直播录播庭审活动的规定》第一条、第五条，请求贵院公开直播庭审活动，公开接受人民群众的监督。

此致

_____人民法院

申请人：_____

____年____月____日

【说明】

本文书根据《最高人民法院关于人民法院直播录播庭审活动的规定》第 2 条、

第 5 条的规定制作。

法律依据

一、直接依据

《最高人民法院关于人民法院直播录播庭审活动的规定》

第二条 人民法院可以选择公众关注度较高、社会影响较大、具有法制宣传教育意义的公开审理的案件进行庭审直播、录播。

对于下列案件，不得进行庭审直播、录播：

（一）涉及国家秘密、商业秘密、个人隐私、未成年人犯罪等依法不公开审理的案件；

（二）检察机关明确提出不进行庭审直播、录播并有正当理由的刑事案件；

（三）当事人明确提出不进行庭审直播、录播并有正当理由的民事、行政案件；

（四）其他不宜庭审直播、录播的案件。

第五条 庭审直播、录播实行一案一审核制度。

人民法院进行网络庭审直播、录播的，由审判庭向本院有关部门提出申请。有关部门审核后，报主管副院长批准。必要时，报上级人民法院审核。

人民法院通过中央电视台进行庭审直播、录播的，应当经最高人民法院审核。通过省级电视台进行庭审直播、录播的，应当经高级人民法院审核。

二、其他依据

1.《人民法院组织法》第 11 条

2.《最高人民法院关于人民法院直播录播庭审活动的规定》

3.《中国共产党尊重和保障人权的伟大实践》

十九、调整开庭日期申请书

（申请调整开庭日期用）

文书简介

调整开庭日期申请书，是指辩护人针对案件出现新的客观事由，无法按照法院开庭通知准时参加出庭时，向法院提交准予重新确定开庭日期的申请文书。

实务要点

（一）分清需要调整开庭日期的事由

具体可分四种事由。第一种是案件本身的客观事由，是指对于送达开庭通知后，又在开庭日前发现新的证据线索，需进一步调查取证或拟出庭的有专门知识的人、证人因故不能出庭。第二种是法院程序问题。法官助理或书记员送达出庭通知书违反开庭3日前规定，恰辩护人又有其他实务，无法出庭。第三种是辩护人同时接到数份同一日开庭的出庭通知书。第四种是其他无法按时出庭的正当理由。

（二）客观事由和法律程序瑕疵事由下，调整开庭日容易。辩护人自身事由下，调整开庭日难。要多加热情沟通，争取理解和支持

为了避免冲突，可庭前主动和审理时间可能有冲突的案件的法院取得联系，说明情况，如有必要，也可将已收到的出庭通知书复印件邮寄该法院法官，请求法院在安排开庭时间时予以考虑，避免冲突。

如确实同一日接到不同法院确定同时开庭的情况，只能协调沟通。当然通过律协维权，也是救济方式之一，但要审慎采取。

有的法院对于律师此种客观困难比较理解,如像河南省高级人民法院在(2017)豫行再51号行政裁定书中,表明:"由于通知开庭至开庭期间仅5天时间,而×××律师在此前已经接受林××等31人的委托,其也确实面临与北京市丰台区人民法院开庭冲突的情况,这是律师无法避免、不能克服的,此时律师要求延期开庭、重新确定开庭时间,具有正当理由。"虽说这是一份行政法律文书,但说明了一方司法在保障律师执业权利方面的文明程度。

(三)本文书适用于口头沟通无效后留痕使用

文书范例

调整开庭日期申请书

(_____涉嫌_____罪一案)

申请人:_____律师事务所_____律师,系犯罪嫌疑人_____的辩护人。

联系方式:_____

申请事项:

申请调整开庭日期为_____年____月____日。

申请理由:

申请人作为被告人_____涉嫌_____罪的辩护人,接到贵院定于_____年____月____日于贵院第_____法庭开庭审理本案。鉴于出现庭审日期冲突问题,特申请调整开庭日期:

具体理由:

_____。

(注:可紧扣以下4点,即(1)庭审前发现新的证据线索,需进一步调查取证或拟出庭的有专门知识的人、证人因故不能出庭的;(2)辩护律师收到出庭通知书距开庭时间不满3日;(3)辩护律师收到两个以上出庭通知,只能按时参加其中之一的;(4)因其他正当理由无法按时出庭的)

基于以上事实,现诚挚恳请贵院依法予以调整开庭日期。

此致

_____人民法院

申请人：_____

____年____月____日

【说明】

本文书根据《刑事诉讼法》第 187 条及《律师办理刑事案件规范》第 83 条的规定制作。

法律依据

一、直接依据

1.《刑事诉讼法》

第一百八十七条　人民法院决定开庭审判后，应当确定合议庭的组成人员，将人民检察院的起诉书副本至迟在开庭十日以前送达被告人及其辩护人。

在开庭以前，审判人员可以召集公诉人、当事人和辩护人、诉讼代理人，对回避、出庭证人名单、非法证据排除等与审判相关的问题，了解情况，听取意见。

人民法院确定开庭日期后，应当将开庭的时间、地点通知人民检察院，传唤当事人，通知辩护人、诉讼代理人、证人、鉴定人和翻译人员，传票和通知书至迟在开庭三日以前送达。公开审判的案件，应当在开庭三日以前先期公布案由、被告人姓名、开庭时间和地点。

上述活动情形应当写入笔录，由审判人员和书记员签名。

2.《律师办理刑事案件规范》

第八十三条　辩护律师接到出庭通知书后应当按时出庭，因下列正当理由不能出庭的，应当提前向人民法院提出并说明理由，申请调整开庭日期：

（一）辩护律师收到两个以上出庭通知，只能按时参加其中之一的；

（二）庭审前发现新的证据线索，需进一步调查取证或拟出庭的有专门知识的人、证人因故不能出庭的；

（三）因其他正当理由无法按时出庭的。

辩护律师申请调整开庭日期，未获准许又确实不能出庭的，应当与委托人协商，妥善解决。

二、其他依据

1.《最高人民法院关于适用〈中华人民共和国刑事诉讼法〉的解释》第221条

2.《最高人民法院、最高人民检察院、公安部、国家安全部、司法部关于依法保障律师执业权利的规定》第25条

3.《最高人民法院、司法部关于为律师提供一站式诉讼服务的意见》第10条第2款

4.《律师办理刑事案件规范》第84条

二十、刑事辩护词

（一审、二审、再审发表辩护意见用）

文书简介

刑事辩护词，是指刑事案件被告人或上诉人的辩护人在法庭辩论阶段，根据事实和法律为被告人或上诉人所作的无罪、罪轻、应当减轻、免除刑事责任或者免于财产刑刑罚或者维护被告人诉讼权利所进行的论辩性发言或书面意见。

实务要点

（一）格式

刑事辩护词通常由三部分组成，序言、正文和结论。

1.序言。

序言由以下三部分构成：(1)标题。"被告人_____被控_____罪一案刑事辩护词"。(2)称呼。"审判长、审判员（或人民陪审员）"。(3)前言。辩护人出庭依据、责任及出庭进行的工作、对案件的辩护观点。

2. 正文。

本部分为核心,需综合全案证据和法律,论证被告人无罪、罪轻的意见。按照四级标题书写:"一""(一)""1""(1)"。

3. 结论。

归纳总结,概况内容核心,做到言简意赅、观点明确。提出对被告人的处理意见。尾部尊辩护人姓名及时间。

(二) 正文写作

关于辩护词怎么写,并无国家强制的定式,可谓仁者见仁、智者见智。

1. 基本结构

建议借鉴芭芭拉·明托著作的《金字塔原理》中"思考、表达和解决问题的逻辑"的"金字塔原理"。金字塔的基本结构是:"中心思想明确,结论先行,以上统下,归类分组,逻辑递进。先重要后次要,先全局后细节,先结论后原因,先结果后过程";金字塔训练表达者"关注、挖掘受众的意图、需求、利益点、关注点、兴趣点和兴奋点,想清楚内容说什么、怎么说、掌握表达的标准结构、规范动作"。

辩护人一定要清楚自己在法庭发言,到底是讲给谁听以及对方想听什么?

行文时要具有法官思维,注意法官真正的关注点,明确无罪、轻罪、罪轻的辩点。即结论先行,然后给出靠谱的理由,最后首尾呼应,画龙点睛。换言之,就是开篇亮剑,结尾总结,使用"总—分—总"结构。每一大标题、分标题、小标题都要千锤百炼、一针见血,能用一句话表述要点的,不用一句半。大标题和大标题之间内容均为并列,不要出现交叉或包含关系。每一个大标题下的分标题或小标题也是内容均为并列,亦不能出现交叉或包含关系。同一层级放在一起,不同层级的绝不混在一起。

辩护词的遣词造句要重点突出、主次分明、内容靠谱、逻辑清晰、言简意赅,理据结合、论证有力、表达适度(不要过度煽情)。

2. 辩护词还需要考虑"内容全面"

对公诉人的公诉发言涉及的真正焦点问题,辩护人不能采取回避态度,更不能遗漏真正的焦点问题。要有针对性地反击,精准反驳。当然在形成书面辩护词时,在考虑立驳结合时,要先立论、后驳论。立论要明确,驳论要针锋相对。

3. 充分运用各种辩论方法

当然,在辩护中,根据案情,可以运用证据辩护、事实辩护、程序辩护、量刑辩护、财产辩护、政策性辩护、情理辩护等各类辩论方法。但是不管用单种方法还是综合运用,都建议采用"金字塔原理"的逻辑表达方式。这样会让法官直观地看到辩护词逻辑清晰、层次分明,继而更能够接受辩护人的观点。

4.提交时间

休庭后,辩护律师应当尽快整理书面辩护意见,提交法庭。

文书范例

刑事辩护词

(＿＿＿＿被告人被控＿＿＿＿罪一案＿＿＿＿审)

审判长、审判员(人民陪审员):

根据《刑事诉讼法》第三十七条和《律师法》第二十八条第一款第(三)项的规定,＿＿＿＿律师事务所接受＿＿＿＿的委托,指派我们担任被告人＿＿＿＿的＿＿＿＿审的辩护人(或受＿＿＿＿法律援助中心指派,提供法律援助),参与本案(一审、二审、再审)的诉讼活动。出庭为被告人＿＿＿＿辩护。经查阅全部卷宗材料,会见了被告人,并进行了必要的调查,对全案深入地分析和研究,提出如下(注:无罪、轻罪、罪轻或不应处以罚金、没收财产等)的辩护意见。

辩护人总的观点:一、＿＿＿＿二、＿＿＿＿;具体阐述为:

一、＿＿＿＿＿＿＿＿＿＿＿＿＿＿＿＿＿＿＿＿＿＿＿＿＿＿＿＿＿＿＿＿。

二、＿＿＿＿＿＿＿＿＿＿＿＿＿＿＿＿＿＿＿＿＿＿＿＿＿＿＿＿＿＿＿＿。

综上所述,辩护人认为,被告人＿＿＿＿(注:无罪、轻罪、罪轻或返还查扣财产等),以上辩护意见供法庭予充分考虑。

此致

＿＿＿＿人民法院

辩护人:＿＿＿＿律师

＿＿＿年＿＿＿月＿＿＿日

【说明】

本文书是根据《刑事诉讼法》第198条及第234条的规定以及《最高人民法院关于适用〈中华人民共和国刑事诉讼法〉的解释》有关听取辩护人意见及辩护人可以对事实和量刑提出意见的规定制作的。

最高人民法院《关于适用〈中华人民共和国刑事诉讼法〉的解释》第290条还特别规定了"辩护人应当及时将书面辩护意见提交人民法院",所以辩护律师出庭发表辩护意见后,有法定义务将书面辩护意见及时提交人民法院。

法律依据

一、直接依据

《刑事诉讼法》

第一百九十八条 法庭审理过程中,对与定罪、量刑有关的事实、证据都应当进行调查、辩论。

经审判长许可,公诉人、当事人和辩护人、诉讼代理人可以对证据和案件情况发表意见并且可以互相辩论。

审判长在宣布辩论终结后,被告人有最后陈述的权利。

第二百三十四条 第二审人民法院对于下列案件,应当组成合议庭,开庭审理:

(一)被告人、自诉人及其法定代理人对第一审认定的事实、证据提出异议,可能影响定罪量刑的上诉案件;

(二)被告人被判处死刑的上诉案件;

(三)人民检察院抗诉的案件;

(四)其他应当开庭审理的案件。

第二审人民法院决定不开庭审理的,应当讯问被告人,听取其他当事人、辩护人、诉讼代理人的意见。

……

二、其他依据

1.《律师法》第28、31条

2.《最高人民法院关于适用〈中华人民共和国刑事诉讼法〉的解释》第279~290条

3.《律师办理刑事案件规范》第16、115~123、127、133~135条

二十一、刑事上诉状

（被告人不服一审判决、裁定用）

文书简介

刑事上诉状是刑事公诉案件的被告人、被害人和刑事自诉案件的自诉人、被告人，以及经被告人同意的辩护人和近亲属，不服一审法院未生效的裁判，在法定的上诉期内，向原审法院的上级法院提出的要求撤销或变更原裁判的法律文书。

实务要点

（一）上诉理由具体明确，紧扣法律规定

这是上诉状中最重要的内容，也是刑事二审案件审理中的重中之重。上诉理由一定要针对原审认定事实、罪名、量刑等直接、明确地提出。应紧紧围绕《刑事诉讼法》第 236 条第 1 款第 2 项、第 3 项确定的足以导致改判或裁定撤销原判发回重新审理的情形入手，即要么原判事实不清、证据不足，要么原判适用法律错误，要么量刑畸重等。具体细化就是《最高人民法院关于适用〈中华人民共和国刑事诉讼法〉的解释》第 391 条的法定情形，包括：认定事实方面；适用法律、量刑方面；诉讼程序方面等。

（二）行文逻辑清晰，详略得当

运用"金字塔原理"进行表述。逻辑清晰，段落分明，语言干净简约。

如对原判认定的事实存有异议，应以要点归纳的方式进行明确。如对原判据以定案的证据有异议，应围绕证据的真实性、合法性、关联性进行阐述。如对法律适用有意见，不仅要指出错误，还应提供正确法律依据。如对量刑有异议，应提供地域内同一法院或上级法院 3 年内类案裁判的同一罪名的《检索报告》并后附生效裁判文书。

切忌长篇大段重复叙述案情,以及与案件无关的或没有任何证据或线索支撑的内容。

(三) 准确提供权威案例,适时提供专业参考

提供支持上诉理由的依据,包括与案件有紧密联系的法律法规、同类案件裁判结果、相关指导性或者参考性案例等,尤其是在一些需要专门知识、较为特殊小众的案件中。

另外,有一提示:大家熟悉的"上诉不加刑",容易忽略有一例外。就是如果人民检察院提出抗诉或者自诉人提出上诉的,不受"上诉不加刑"的限制。所以在研究是否上诉时,需要将此作为一项考虑因素,避免被动。

(四) 提交时间

自刑事判决书送达被告人之日起 10 日内提交法院。

文书范例

刑事上诉状

上诉人:_____(注:当事人是自然人的,应写明姓名、性别、民族、出生年月日、出生地、职业、工作单位、现住址,身份证号码,电话;当事人是法人或者其他组织的,应写明名称、住所地、邮编及联系电话、法定代表人或负责人姓名、职务)

上诉人_____一案,于_____年____月____日收到_____人民法院____年____月____日(_____)_____字_____号刑事_____,现因不服该_____提出上诉。

上诉请求:
_____。

(注:写明请求撤销原判、全部改判、部分改判或者其他请求)

上诉理由:
_____。

（注：重点突出原判决存在错误，包括：认定事实方面；适用法律、量刑方面；诉讼程序方面及其具体法律依据）

此致

_____人民法院（二审法院名称）

上诉人：_____（签名捺印）

____年____月____日

附：

1. 上诉状副本_____份
2. 证据目录及证据_____份（注释：写明提交的所有证据名称、证实事实）

【说明】

本文书依据《刑事诉讼法》第227条及《最高人民法院关于适用〈中华人民共和国刑事诉讼法〉的解释》第378条的规定制作。

法律依据

一、直接依据

1.《刑事诉讼法》

第二百二十七条　被告人、自诉人和他们的法定代理人，不服地方各级人民法院第一审的判决、裁定，有权用书状或者口头向上一级人民法院上诉。被告人的辩护人和近亲属，经被告人同意，可以提出上诉。

附带民事诉讼的当事人和他们的法定代理人，可以对地方各级人民法院第一审的判决、裁定中的附带民事诉讼部分，提出上诉。

对被告人的上诉权，不得以任何借口加以剥夺。

2.《最高人民法院关于适用〈中华人民共和国刑事诉讼法〉的解释》

第三百七十八条　地方各级人民法院在宣告第一审判决、裁定时，应当告知被告人、自诉人及其法定代理人不服判决和准许撤回起诉、终止审理等裁定的，有权在法定期限内以书面或者口头形式，通过本院或者直接向上一级人民法院提出上诉；被告人的辩护人、近亲属经被告人同意，也可以提出上诉；附带民事诉讼当事人及其法定代理人，可以对判决、裁定中的附带民事部分提出上诉。

被告人、自诉人、附带民事诉讼当事人及其法定代理人是否提出上诉，以其在上诉期满前最后一次的意思表示为准。

二、其他依据

1.《刑事诉讼法》第 236、238 条

2.《最高人民法院关于适用〈中华人民共和国刑事诉讼法〉的解释》第 379、391 条

3.《律师办理刑事案件规范》第 129、133～135 条

二十二、二审开庭审理申请书

（申请二审开庭用）

文书简介

二审开庭审理申请书，是指被告人、辩护人针对存在法定开庭事由的上诉刑事案件，向受理案件的二审法院提出开庭审理的申请文书。

实务要点

实务中，二审一般都不开庭，多进行书面审理，除非是被告人被判处死刑的上诉案件和人民检察院抗诉的案件。尽管法律规定有"被告人、自诉人及其法定代理人对第一审认定的事实、证据提出异议，可能影响定罪量刑的上诉案件"和"其他应当开庭审理的案件"也应当开庭审理，但是以笔者自身的经历来看是比较难的。

为了二审能开庭，申请文书就需要突出案件确需应当开庭。

1.对被告人、自诉人及其法定代理人对第一审认定的事实、证据提出异议，可能影响定罪量刑的上诉案件。

重点指出对一审判决认定的事实、证据提出异议,且该认定对定罪量刑有直接影响,不要模棱两可。将"可能"确定为"实质上已经影响"。

2. 如果不是上述情形,只能引用其他应当开庭审理情形。关于"其他应当开庭审理的案件"是什么,法律没有界定。有司法实务人员撰文认为:"细化'其他应当开庭审理的案件'宜由检法共同从程序、实体两个方面进行。从实体上来说,一是检察院、法院发现或上诉人提出了新事实、新证据,可能影响定罪量刑,需要进行质证的,应当予以开庭审理。二是检察院或法院发现一审判决对影响定罪量刑的犯罪情节未予确认,应当予以开庭审理。三是上诉人认为一审判决对自首、立功、从犯等法定情节未考虑的,予以重点审查,由于此类情节往往争议较大,应当开庭审理。四是法律适用争议较大的上诉案件,由于该类案件对于检法统一法律适用具有重要意义,应当开庭审理。五是上诉人积极缴纳罚金、愿意退出全部违法所得、取得被害人谅解的,考虑到上诉人认罪悔罪态度良好,量刑上要予以考虑,应当予以开庭审理。六是其他法院认为可以商请检察院予以开庭审理的。"[1] 该实务观点,值得辩护人在申请中予以借鉴。

3. 接受上诉案件委托后,认为本案应当开庭的,应当及时向二审法院提出开庭审理的申请。

文书范例

二审开庭审理申请书

（被告人_____不服一审判决_____罪上诉案）

申请人:_____律师事务所_____律师,系犯罪嫌疑人_____的辩护人。

联系方式:_____

申请事项:

申请对被告人_____被控_____一案二审予以开庭审理。

申请理由:

---

[1] 李光林、胡丹丹:《细化刑事二审开庭审理案件范围》,载《检察日报》2020年6月1日,第3版。

被控_____一案已上诉至贵院,并于_____年____月____日受理。辩护人认为本案二审应当开庭审理。相关理由如下:

_____。

(注:重点阐述本案上诉符合《刑事诉讼法》第234条第1款所列的哪种情形)

综上所述,依据《中华人民共和国刑事诉讼法》第二百三十四条第一款第____项以及最高人民法院关于适用《中华人民共和国刑事诉讼法》的解释第三百一十七条第一项,本案不经过开庭审理,无法查明相关证据的问题,也没有办法查明案件事实。

请贵院基于法律规定,准许本申请,开庭审理,以审判为中心!尊重和保障人权。

此致

_____中级/高级人民法院

申请人:_____

____年____月____日

【说明】

本文书根据《刑事诉讼法》第234条、《最高人民法院关于适用〈中华人民共和国刑事诉讼法〉的解释》第393条的规定制作。

法律依据

一、直接依据

1.《刑事诉讼法》

第二百三十四条 第二审人民法院对于下列案件,应当组成合议庭,开庭审理:

(一)被告人、自诉人及其法定代理人对第一审认定的事实、证据提出异议,可能影响定罪量刑的上诉案件;

(二)被告人被判处死刑的上诉案件;

(三)人民检察院抗诉的案件;

(四)其他应当开庭审理的案件。

第二审人民法院决定不开庭审理的,应当讯问被告人,听取其他当事人、辩护人、诉讼代理人的意见。

第二审人民法院开庭审理上诉、抗诉案件,可以到案件发生地或者原审人民法院所在地进行。

2.《最高人民法院关于适用〈中华人民共和国刑事诉讼法〉的解释》

第三百九十三条　下列案件,根据刑事诉讼法第二百三十四条的规定,应当开庭审理:

(一)被告人、自诉人及其法定代理人对第一审认定的事实、证据提出异议,可能影响定罪量刑的上诉案件;

(二)被告人被判处死刑的上诉案件;

(三)人民检察院抗诉的案件;

(四)应当开庭审理的其他案件。

被判处死刑的被告人没有上诉,同案的其他被告人上诉的案件,第二审人民法院应当开庭审理。

二、其他依据

《律师办理刑事案件规范》第 131 条

二十三、刑事申诉状

(被告人、被害人不服生效判决、裁定申诉用)

文书简介

刑事申诉状是刑事案件当事人及其法定代理人、近亲属以及认为已经发生法律效力的判决、裁定侵害其合法权益的案外人,对已经发生法律效力的判决、裁定,向人民法院或者人民检察院提出申诉并请求人民法院启动再审程序予以纠正其错误的法律文书。

实务要点

(一) 撰写紧扣法定情形

要紧紧围绕《刑事诉讼法》第 253 条规定的各项法定情形、《最高人民法院关于适用〈中华人民共和国刑事诉讼法〉的解释》第 457 条第 2 款及其中华全国律师协会《律师办理刑事案件规范》第 237 条规定的各项法定情形进行。

原判错误要具体落实到证据问题、适用法律问题、程序问题、罪名问题、量刑问题、审判人员枉法问题以及有新的证据证明原判决、裁定认定的事实确有错误、可能影响定罪量刑的情形。

(二) 注意申请期限

另需注意,刑事案件原则要求应在刑罚执行完毕后 2 年内提出申诉。但是如果可能对原审被告人宣告无罪,或者原审被告人在刑罚执行完毕后 2 年内向人民法院提出申诉未予受理的,或者属于疑难、复杂、重大案件的,可以不受 2 年申诉期限限制。

文书范例

刑事申诉书

申诉人：＿＿＿＿＿＿＿＿(注：当事人是自然人的,应写明姓名、性别、民族、出生年月日、出生地、职业、工作单位、现住址,身份证号码,电话;当事人是法人或者其他组织的,应写明名称、住所地、邮编及联系电话、法定代表人或负责人姓名、职务)

申诉人＿＿＿＿对＿＿＿＿人民法院＿＿＿＿年＿＿月＿＿日(＿＿＿＿)＿＿＿＿字第＿＿＿＿号＿＿＿＿书不服,特提出申诉。

请求事项：

＿＿＿＿＿＿＿＿＿＿＿＿＿＿＿＿＿＿＿＿＿＿＿＿＿＿＿＿＿＿＿＿＿＿＿。

(注：写明如撤销原判、改判无罪及其他请求)

事实和理由：

＿＿＿＿＿＿＿＿＿＿＿＿＿＿＿＿＿＿＿＿＿＿＿＿＿＿＿＿＿＿＿＿＿＿＿。

（注：写明基本的案情事实，审判结果以及具体的申诉理由和符合应当予以再审的法律依据，具体到《刑事诉讼法》第253条及其《最高人民法院关于适用〈中华人民共和国刑事诉讼法〉的解释》第457条第2款第几项）

此致

_____人民法院（注：终审人民法院）/人民检察院

申诉人：_____

（注：申诉人系自然人的，要由本人签名捺印；如系法人或者其他组织的，应当写明全称，加盖单位公章）

____年____月____日

附：_____（注：1.一审、二审判决书、裁定书等法律文书。如经过人民法院复查或者再审的，应当附有驳回通知书、再审决定书、再审判决书、裁定书。2.其他相关材料。以有新的证据证明原判决、裁定认定的事实确有错误为由申诉的，应当同时附有证据目录、证人名单和主要证据复印件或者照片；申请人民法院调查取证的，应当附有相关线索或者材料）

【说明】

本文书依据《刑事诉讼法》第252条及《最高人民法院关于适用〈中华人民共和国刑事诉讼法〉的解释》第452条的规定制作。

法律依据

一、直接依据

1.《刑事诉讼法》

第二百五十二条　当事人及其法定代理人、近亲属，对已经发生法律效力的判决、裁定，可以向人民法院或者人民检察院提出申诉，但是不能停止判决、裁定的执行。

2.《最高人民法院关于适用〈中华人民共和国刑事诉讼法〉的解释》

第四百五十二条　向人民法院申诉，应当提交以下材料：

（一）申诉状。应当写明当事人的基本情况、联系方式以及申诉的事实与理由；

（二）原一、二审判决书、裁定书等法律文书。经过人民法院复查或者再审的，应当附有驳回申诉通知书、再审决定书、再审判决书、裁定书；

(三)其他相关材料。以有新的证据证明原判决、裁定认定的事实确有错误为由申诉的,应当同时附有相关证据材料;申请人民法院调查取证的,应当附有相关线索或者材料。

申诉符合前款规定的,人民法院应当出具收到申诉材料的回执。申诉不符合前款规定的,人民法院应当告知申诉人补充材料;申诉人拒绝补充必要材料且无正当理由的,不予审查。

二、其他依据

1.《刑事诉讼法》第108、253条
2.《最高人民法院关于适用〈中华人民共和国刑事诉讼法〉的解释》第451、453、455、457~459条
3.《最高人民法院关于规范人民法院再审立案的若干意见(试行)》第1~7、10、11、13、15~17条
4.《最高人民检察院关于办理不服人民法院生效刑事裁判申诉案件若干问题的规定》
5.《人民检察院刑事诉讼规则》第593条
6.《人民检察院刑事申诉案件异地审查规定(试行)》第4条
7.《人民检察院办理刑事申诉案件规定》第2、8、9、15、44、45条
8.《律师办理刑事案件规范》第236~238条

二十四、申诉听证申请书

(申请对申诉案件听证用)

文书简介

申诉听证申请书,是指申请再审人、辩护人向人民法院提交对申请再审人的申诉理由是否符合法定的再审条件进行听证审查的申请文书。

实务要点

（一）听证有其必要性

我国法律和司法解释对申诉复查决定启动再审后的审判监督程序是有明确规定的，但对申诉复查程序本身，从最高司法机关层面，尚没有任何规范，可以说是个法律空白。部分高级人民法院出台有申诉听证的地方司法规范，对申诉听证予以规范。但是不容乐观的是，几乎所有刑事申诉复查案件，基本上都是书面审理。应启动听证，法官在听证中，就能够充分听取当事人陈述或者答辩意见，组织对申请再审的关键证据进行必要的质证，有利于准确作出是否提起再审的决定。

（二）用好地方规范

对承办的案件恰好在该出台有地方司法规范的地域，就尽量用好地方规范。如 2007 年 8 月四川省高级人民法院出台的《关于申诉、申请再审案件听证工作暂行办法》规定，应当组织听证的六类案件包括：(1)申诉人、再审申请人初次提出申诉、再审申请的案件；(2)申诉人、再审申请人认为原审裁判认定事实不清或提出新的证据的案件；(3)上级法院、领导机关交办、督办的案件；(4)上访老户案件；(5)集团诉讼案件及有较大社会影响的案件；(6)其他需要进行听证的申诉、申请再审案件。对于没有出台地方司法规范的地域的案件，则尽量阐述符合法律及其司法解释规定应当立案审查的情形，确有必要进行听证，重点是新的证据证明原判决、裁定认定的事实确有错误、原判对证据认定错误、案件事实认定不清等。

文书范例

申诉听证申请书

（_____涉嫌_____罪一案）

申请人：_____律师事务所_____律师，系犯罪嫌疑人_____的辩护人。

联系方式：_____

申请事项：

申诉人不服_____省_____市人民法院(_____)_____刑终_____号判

决及其维持的_____省_____市人民法院(_____)_____刑_____号判决,向_____人民法院提出申诉(注:终审人民法院或上一级人民法院),为了纠正错案、实现公平正义,特申请举行立案审查听证。

申请事项:

申请贵院对申诉人_____申诉的_____案件进行听证。

申请事实与理由:

原生效判决认定事实:_____。

相关理由:

_____。

(注:认为该案符合《刑事诉讼法》第253条及其《最高人民法院关于适用〈中华人民共和国刑事诉讼法〉的解释》第457条第2款所列立案审查的情形,强调本案有必要进行听证,如对原判据以定罪量刑的证据和新的证据核实等)

综上所述,申请人认为申诉人案件存在听证的必要性,恳请贵院依法组织听证,请予批准!

此致

_____人民法院

申请人:_____

____年____月____日

【说明】

本文书样式是根据《最高人民法院关于适用〈中华人民共和国刑事诉讼法〉的解释》第456条规定制作的,供律师使用。

法律依据

一、直接依据

《最高人民法院关于适用〈中华人民共和国刑事诉讼法〉的解释》

第四百五十六条 对立案审查的申诉案件,人民法院可以听取当事人和原办案单位的意见,也可以对原判据以定罪量刑的证据和新的证据进行核实。必要时,可以进行听证。

二、其他依据

1. 《刑事诉讼法》第 253 条
2. 《律师办理刑事案件规范》第 236~239 条

二十五、暂予监外执行申请书

（申请监外执行用）

文书简介

暂予监外执行申请书，是指被判处有期徒刑或拘役的罪犯本人、近亲属或监护人/辩护人认为符合法定情形，向人民法院或监所提出决定改为暂不收监，由社区矫正机构负责执行刑罚的申请文书。

实务要点

按照《刑事诉讼法》《暂予监外执行规定》中有关暂予监外执行的规定，对于符合暂予监外执行法定情形的罪犯，辩护律师经审查案情，针对符合暂予监外执行的条件，同时认为罪犯具有法定情形，其完全可以在一定期限内保证不离开住处或者指定的居所，不致产生社会危险性的，应当帮助提出申请。暂予监外执行，由社区矫正机构监管，能够保证刑事诉讼程序得以进行。

原则上，暂予监外执行应符合《刑事诉讼法》第 265 条规定的情形才能申请或得到批准，但根据《暂予监外执行规定》第 7 条规定，对于未成年罪犯、65 周岁以上的罪犯、残疾人罪犯，适用第一款规定情形时可以适度从宽；对患有该规定所附《保外就医严重疾病范围》的严重疾病，短期内有生命危险的罪犯，可以不受本条第 1 款规定关于执行刑期的限制。

文书范例

暂予监外执行申请书

（_____罪一案）

申请人（罪犯本人、近亲属或监护人/辩护人）：_____（注：写明姓名，工作单位和职业）

联系方式：_____

被申请机关：_____人民法院/监狱/看守所。

申请事项：申请贵院作出对申请人/罪犯本人（姓名）_____暂予监外执行的决定。

事实和理由：

一、相关事实

_____因_____罪于____年__月__日被_____人民法院判处有期徒刑/拘役，基于当时申请人/罪犯本人（姓名）_____处于_____（符合《中华人民共和国刑事诉讼法》第二百六十五条情形的），有固定居所，有保证人，适宜在居住地暂予监外执行，不致产生社会危险性。

由此，申请人向人民法院提请暂予监外执行，并作以下说明：（注：具体陈述符合《中华人民共和国刑事诉讼法》第二百六十五条规定，或《暂予监外执行规定》第五条、第七条规定）

……

二、相关理由

暂予监外执行保证人（保证人姓名、工作单位和职业、固定住址、联系方式）（根据《暂予监外执行》第十一、十二条保证人规定条件和职责陈述。以上符合《暂予监外执行》第十一条保证人条件规定。

综上所述，根据《中华人民共和国刑事诉讼法》第二百六十五条及《暂予监外执行规定》第五条之规定，申请人/罪犯本人_____符合暂予监外执行条件，敬请人民法院批准并作出决定！

此致

_____人民法院/监狱/看守所

申请人：_____
____年____月____日

【说明】
本文书样式是根据《刑事诉讼法》第 265 条及《暂予监外执行规定》第 5 条、第 8 条、第 18 条制作。

法律依据

一、直接依据

1.《刑事诉讼法》

第二百六十五条　对被判处有期徒刑或者拘役的罪犯，有下列情形之一的，可以暂予监外执行：

（一）有严重疾病需要保外就医的；

（二）怀孕或者正在哺乳自己婴儿的妇女；

（三）生活不能自理，适用暂予监外执行不致危害社会的。

对被判处无期徒刑的罪犯，有前款第二项规定情形的，可以暂予监外执行。

对适用保外就医可能有社会危险性的罪犯，或者自伤自残的罪犯，不得保外就医。

对罪犯确有严重疾病，必须保外就医的，由省级人民政府指定的医院诊断并开具证明文件。

在交付执行前，暂予监外执行由交付执行的人民法院决定；在交付执行后，暂予监外执行由监狱或者看守所提出书面意见，报省级以上监狱管理机关或者设区的市一级以上公安机关批准。

2.《暂予监外执行规定》

第五条　对被判处有期徒刑、拘役或者已经减为有期徒刑的罪犯，有下列情形之一，可以暂予监外执行：

（一）患有属于本规定所附《保外就医严重疾病范围》的严重疾病，需要保外就医的；

（二）怀孕或者正在哺乳自己婴儿的妇女；

（三）生活不能自理的。

对被判处无期徒刑的罪犯,有前款第二项规定情形的,可以暂予监外执行。

第八条 对在监狱、看守所服刑的罪犯需要暂予监外执行的,监狱、看守所应当组织对罪犯进行病情诊断、妊娠检查或者生活不能自理的鉴别。罪犯本人或者其亲属、监护人也可以向监狱、看守所提出书面申请。

监狱、看守所对拟提请暂予监外执行的罪犯,应当核实其居住地。需要调查其对所居住社区影响的,可以委托居住地县级司法行政机关进行调查。

监狱、看守所应当向人民检察院通报有关情况。人民检察院可以派员监督有关诊断、检查和鉴别活动。

第十八条 人民法院应当在执行刑罚的有关法律文书依法送达前,作出是否暂予监外执行的决定。

人民法院决定暂予监外执行的,应当制作暂予监外执行决定书,写明罪犯基本情况、判决确定的罪名和刑罚、决定暂予监外执行的原因、依据等,在判决生效后七日以内将暂予监外执行决定书送达看守所或者执行取保候审、监视居住的公安机关和罪犯居住地社区矫正机构,并抄送同级人民检察院。

人民法院决定不予暂予监外执行的,应当在执行刑罚的有关法律文书依法送达前,通知看守所或者执行取保候审、监视居住的公安机关,并告知同级人民检察院。监狱、看守所应当依法接收罪犯,执行刑罚。

人民法院在作出暂予监外执行决定前,应当征求人民检察院的意见。

二、其他依据

1.《刑事诉讼法》第 266、268、269 条

2.《监狱法》第 17、25~28 条

3.《暂予监外执行规定》

二十六、死刑复核律师辩护意见书

（死刑复核发表辩护意见用）

文书简介

死刑复核律师辩护意见书，是指辩护人向负责死刑复核最高人民法院或死缓复核的高级人民法院，提交不予核准死刑或死刑缓期执行的书面辩论性意见。

实务要点

死刑复核程序，是人民法院对判处死刑（包括死缓）的案件报请对死刑有核准权的人民法院审查核准应遵守的步骤、方式和方法。它是一种特别的程序，属于行政性质的书面审核，不开庭，所以要非常重视书面辩护意见。

文书范例

死刑复核律师辩护意见书

（_____被判_____罪一案）

尊敬的_____省（自治区）高级人民法院/最高人民法院各位审委会委员以及死刑复核法官：

_____律师事务所依法接_____家属的委托，指派本律师作为他在死刑复核阶段的律师。现就本案提出如下律师意见，请你院在死刑复核过程中予以采信。

本律师认为:原判存在_____,不符合认定事实和适用法律正确、量刑适当、诉讼程序合法应当裁定核准的法定情形,本死刑案不应核准。

具体理由如下:

_____。

(注:1. 针对高级人民法院死缓复核案件,应当紧扣《最高人民法院关于适用〈中华人民共和国刑事诉讼法〉的解释》第 428 条第 3 项"原判认定事实正确,但适用法律有错误,或者量刑过重的,应当改判"、第 4 项"原判事实不清、证据不足的,可以裁定不予核准,并撤销原判,发回重新审判,或者依法改判"、第 5 项"复核期间出现新的影响定罪量刑的事实、证据的,可以裁定不予核准,并撤销原判,发回重新审判,或者依照本解释第二百七十一条的规定审理后依法改判"、第 6 项"原审违反法定诉讼程序,可能影响公正审判的,应当裁定不予核准,并撤销原判,发回重新审判"的规定,结合案件阐述存在以上法定情形。

2. 针对最高级人民法院死刑复核案件,应当紧扣《最高人民法院关于适用〈中华人民共和国刑事诉讼法〉的解释》第 429 条第 3 项"原判事实不清、证据不足的,应当裁定不予核准,并撤销原判,发回重新审判"、第 4 项"复核期间出现新的影响定罪量刑的事实、证据的,应当裁定不予核准,并撤销原判,发回重新审判"、第 5 项"原判认定事实正确、证据充分,但依法不应当判处死刑的,应当裁定不予核准,并撤销原判,发回重新审判;根据案件情况,必要时,也可以依法改判"、第 6 项"原审违反法定诉讼程序,可能影响公正审判的,应当裁定不予核准,并撤销原判,发回重新审判"的法定情形,结合案件阐述复核以上法定情形)

综上所述,本律师认为:本案存在《最高人民法院关于适用〈中华人民共和国刑事诉讼法〉的解释》第四百二十八条第_____项情形(或最高人民法院《关于适用〈中华人民共和国刑事诉讼法〉的解释》第四百二十九条第_____项的情形),本死刑案不应核准。

以上律师意见,请贵院予以采纳!

此致

_____省(自治区)、直辖市高级人民法院/中华人民共和国最高人民法院

提交人:_____律师

_____年____月____日

律师联系电话:_____

联系地址:_____

【说明】

本文书是根据《刑事诉讼法》第 251 条及《最高人民法院关于适用〈中华人民共和国刑事诉讼法〉的解释》第 434 条的规定制作的。

法律依据

一、直接依据

1.《刑事诉讼法》

第二百五十一条　最高人民法院复核死刑案件,应当讯问被告人,辩护律师提出要求的,应当听取辩护律师的意见。

在复核死刑案件过程中,最高人民检察院可以向最高人民法院提出意见。最高人民法院应当将死刑复核结果通报最高人民检察院。

2.《最高人民法院关于适用〈中华人民共和国刑事诉讼法〉的解释》

第四百三十四条　死刑复核期间,辩护律师要求当面反映意见的,最高人民法院有关合议庭应当在办公场所听取其意见,并制作笔录;辩护律师提出书面意见的,应当附卷。

二、其他依据

1.《刑事诉讼法》第 246~261 条

2.《最高人民法院关于适用〈中华人民共和国刑事诉讼法〉的解释》第 423~436 条

3.《最高人民法院关于办理死刑复核案件听取辩护律师意见的办法》

4.《最高人民法院关于死刑复核及执行程序中保障当事人合法权益的若干规定》

5.《最高人民法院关于建立健全防范刑事冤假错案工作机制的意见》第 20 条

6.《最高人民法院、最高人民检察院、公安部、司法部关于进一步严格依法办案确保办理死刑案件质量的意见》第 40 条

7.《最高人民法院、司法部关于充分保障律师依法履行辩护职责,确保死刑案件办理质量的若干规定》第 1、17 条

8.《律师办理刑事案件规范》第 201~205 条

第五章
刑事诉讼其他程序性文书

一、被害人共同诉讼代表人推选书

（涉众型刑事案件被害人推选代表人用）

文书简介

被害人共同诉讼代表人推选书用于涉众型刑事案件被害人推选代表人。

实务要点

被害人是刑事诉讼的当事人，参加庭审是被害人的诉讼权利，人民法院不可指定，否则即为违法。涉众型犯罪案件被害人人数众多，且案件不属于附带民事诉讼范围的，被害人可以推选若干代表人参加庭审。

关于具体推选方式，实践中可以裁量把握；确实难以确定的，也可以采用摇号等推选方式。

本文书最迟应当在法院决定开庭前提出。

文书范例

被害人共同诉讼代表人推选书

我们共同推选_____为我们参加_____诉讼的代表人，其诉讼行为对全部推选人/单位发生效力。

特此证明。

推选人（签名或盖章）：_____

_____年_____月_____日

附：代表人联系地址：_____

联系电话：_____

【说明】

本文书根据《刑事诉讼法》相关规定，以及《最高人民法院关于适用〈中华人民共和国刑事诉讼法〉的解释》第224条规定制作，供涉众型案件被害人推选代表人参加诉讼用。

法律依据

《最高人民法院关于适用〈中华人民共和国刑事诉讼法〉的解释》

第二百二十四条　被害人人数众多，且案件不属于附带民事诉讼范围的，被害人可以推选若干代表人参加庭审。

二、刑事和解协议书及刑事谅解书

（达成刑事和解、取得被害人谅解用）

文书简介

刑事和解协议书，是指辩护人承办有被害人的刑事案件时，为了维护被告人的合法权益，引导被告人和被害人达成和解，并自愿签署书面赔偿的协议书。

刑事谅解书，是指刑事案件的受害人与犯罪嫌疑人（被告人）或其家属，就刑事案件的结果达成和解，而由被害人一方出具并提交公安、司法机关的具有谅解犯罪嫌疑人（被告人）犯罪行为的书面文件。

实务要点

（一）刑事和解协议书相关注意事项

1. 刑事和解是法定从轻量刑情节，对于有被害人的案件，和解事实是可以在案发后"被创造"出来的，这也是协商性辩护的一个工作内容。律师可以通过最大限度引导和说服当事人，积极促成双方和解。如何被害人脱离案件实际，提出高额赔偿。在这种情况下，可以将符合法定标准的赔偿款提交司法机关，用实际行动证明被告人赔偿的意愿。

2. 向被害方支付赔偿款后，应当保留支付赔偿款的一切凭证。若是以现金支付赔偿款，则需让被害方出具收条，签名捺印；若是以银行转账的方式支付赔偿款，则需保留汇款转账回单。

3. 此外，达成刑事和解的同时，应提示受害方有权出具《刑事谅解书》的受害人或近亲属。在签署《刑事和解协议书》并在向被害方支付赔偿款后，便让被害方交付《刑事谅解书》。

（二）刑事谅解书相关注意事项

1. 反复斟酌谅解书的遣词造句，避免"陷阱"；

2. 确保谅解书是由害人或其近亲属签名捺印、当场确认，谨防无代理权人或他人冒签。

建议辩护人只参与引导和审查、起草刑事谅解书的工作，不进行全权代理谅解事宜，避免出现辩护人承诺赔偿数额却无法达成此数额的谅解书，导致辩护人被动的局面。

文书范例

刑事和解协议书

甲方(受害人)：_____ 身份证号码：_____。

授权代理人：_____ 身份证号码：_____。

乙方(被告人)：_____ 身份证号码：_____。

_____涉嫌_____一案,案件的主要事实_____,乙方对此事态度是
_____。

（注：如真诚悔罪、承认自己所犯罪行、对指控的犯罪没有异议、向被害人赔偿损失、赔礼道歉等），甲方同意谅解，经甲、乙双方平等协商，现达成和解协议如下：

一、本协议签订后_____日内乙方向甲方一次性退赔（赔偿）_____元人民币（大写金额：_____），此款以_____方式（现金/银行转账）支付甲方。

二、甲方在收到上述费用后向办案单位出具谅解书，要求/同意办案单位对乙方依法从轻、减轻或者免除处罚。

三、如甲方违反上述条款，无条件退还所收钱款。

四、本协议一式三份，自甲乙双方签字或盖章后生效。甲乙双方各持一份，另一份交办案单位附卷备查。

甲方：_____（签字）　　　　　乙方：_____（签字）
____年____月____日　　　　　　　　____年____月____日

【说明】

本文书根据《刑事诉讼法》第288条、第289条的规定制作。

刑事谅解书

鉴于_____。

（注：简要表述案件经过即何时、何地、发生何事的基本事实）

被告人对受害人造成损害,作出_____。

（注：阐明与犯罪嫌疑人、被告人已赔礼道歉，双方协商一致认可谅解方案，犯罪嫌疑人、被害人积极赔偿损失）

受害人对犯罪嫌疑人/被告人的行为予以谅解,具体意见_____。

[注：如写其行为虽已触犯法律并给我个人（或单位）造成严重损失，但案发后能充分认识积极赔偿（退赔赃款）；我个人（或单位）同意对_____予以谅解，请求司法机关对其从轻、减轻或者免除处罚，给予其改过自新的机会]

受害人：_____（个人签名、单位盖章）
____年____月____日

【说明】

根据《最高人民法院关于适用〈中华人民共和国刑事诉讼法〉的解释》第276条的规定,影响量刑情节之一为被告人是否取得被害人或者其近亲属的谅解。所以,有权签署《刑事谅解书》的是被害人或者其近亲属。根据《刑事诉讼法》第108条的规定,近亲属包括夫妻、父母、子女、同胞兄弟姐妹。

法律依据

一、直接依据

1.《刑事诉讼法》

第二百八十八条　下列公诉案件,犯罪嫌疑人、被告人真诚悔罪,通过向被害人赔偿损失、赔礼道歉等方式获得被害人谅解,被害人自愿和解的,双方当事人可以和解:

(一)因民间纠纷引起,涉嫌刑法分则第四章、第五章规定的犯罪案件,可能判处三年有期徒刑以下刑罚的;

(二)除渎职犯罪以外的可能判处七年有期徒刑以下刑罚的过失犯罪案件。

犯罪嫌疑人、被告人在五年以内曾经故意犯罪的,不适用本章规定的程序。

第二百八十九条　双方当事人和解的,公安机关、人民检察院、人民法院应当听取当事人和其他有关人员的意见,对和解的自愿性、合法性进行审查,并主持制作和解协议书。

2.《最高人民法院关于适用〈中华人民共和国刑事诉讼法〉的解释》

第二百七十六条　法庭审理过程中,对与量刑有关的事实、证据,应当进行调查。

人民法院除应当审查被告人是否具有法定量刑情节外,还应当根据案件情况审查以下影响量刑的情节:

(一)案件起因;

(二)被害人有无过错及过错程度,是否对矛盾激化负有责任及责任大小;

(三)被告人的近亲属是否协助抓获被告人;

(四)被告人平时表现,有无悔罪态度;

(五)退赃、退赔及赔偿情况;

(六)被告人是否取得被害人或者其近亲属谅解;

(七)影响量刑的其他情节。

二、其他依据

1.《刑事诉讼法》第 290 条

2.《公安机关办理刑事案件程序规定》第 333~338 条

3.《人民检察院刑事诉讼规则》第 492~504 条

4.《最高人民法院关于适用〈中华人民共和国刑事诉讼法〉的解释》第 587~597 条

5.《最高人民法院、最高人民检察院关于办理抢夺刑事案件适用法律若干问题的解释》第 5 条

6.《最高人民法院、最高人民检察院关于办理敲诈勒索刑事案件适用法律若干问题的解释》第 5 条

7.《最高人民法院、最高人民检察院关于办理寻衅滋事刑事案件适用法律若干问题的解释》第 8 条

8.《最高人民法院、最高人民检察院关于办理诈骗刑事案件具体应用法律若干问题的解释》第 3、4 条

9.《最高人民法院、最高人民检察院、公安部关于依法惩治袭警违法犯罪行为的指导意见》

10.《最高人民检察院、中国残疾人联合会关于在检察工作中切实维护残疾人合法权益的意见》第 12、13 条

11.《最高人民法院关于贯彻宽严相济刑事政策的若干意见》第 23 条

12.《人民检察院审查逮捕质量标准》第 23 条

13.《未成年人刑事检察工作指引(试行)》第 65~73 条

14.《最高人民检察院关于在检察工作中贯彻宽严相济刑事司法政策的若干意见》第 12 条

15.《律师办理刑事案件规范》第 221~223 条

第六章
律师接受委托内部管理文书

一、文书制作须知

关于刑辩法律文书,中华人民共和国司法部《关于印发〈刑事诉讼中律师使用文书格式〉的通知》(司发通〔2000〕102号,已废止)正式下达的文书格式共19种。该通知也指出,"由于律师在承办案件过程中面临的问题各不相同,有些文书格式难以作统一要求,因此对以下几种情况不再要求文书格式的统一,仍然沿用原格式样式仅作参考。这些参考格式是:刑事自诉状、刑事自诉案件、反诉状、刑事上诉状、刑事答辩状、申诉书、控告状"。也就是说,格式能够统一的是19种,其他文书格式难以统一。对于不能统一格式的刑辩法律文书,由律师事务所和律师具体把握。也正是由于刑辩业务的复杂性,形成了各执业律师在执业中的法律文书,除去格式不一外,还存在制作粗糙、内容不全面、质量不高、说理性不强等问题。因此,加强文书制作,是刑辩律师的出门执业的基本功之一。

文书制作中应注意以下要点:

1. 法律文书外观形象,需精美大气,尽量体现律所文化。

建议律所统一模板、封皮、Logo、页脚页眉、页码等。不能出现业内笑谈的"裸体"文书。

2. 法律文书格式要规范。

建议借鉴《党政机关公文格式》国家标准(GB/T 9704-2012),该标准对公文用纸、印刷装订、格式要素、式样等作出了具体规定,可解决法律文书字体、字号、间距等因人而异,让案件承办人感觉形式不完美,数字、符号等书写不规范,以及阅读吃力的问题。

3. 法律文书要用法言法语。

杜绝存在方言、土话、口语等非规范性语言。否则有失法律文书的庄重、严肃。

4. 叙事简约,论证逻辑清晰。

文书结构上，建议运用《金字塔原理》；涉及事实部分，叙事要语言干净、简约、不啰唆；论证部分，建议"三段论"大前提、小前提、结论。辨法析理要充分。该部分是法律文书的精髓，不可寥寥几笔，草草收尾。

5. 引经据典要准确。

这里的经、典，编者认为是指法律依据，包括法律、法规、司法解释、部门规章、司法政策等。法律文书引用法律依据要精准，法律条款不仅要切中案情，且不能是废止或过时。辅以吻合的最高司法机关颁布有效的指导性案例、典型案例及最高司法机关的专家司法官的观点，增强说服力。切记不可使用"有关法律规定"。引用法律依据及案例，做好目录，建议附后。

6. 提交司法机关前，校稿三遍。

标点符号、数字、法条等，特别是数字。法院的文书里有裁定补正，而律师的文书不给这个机会。一字之错，看似无关大雅，但是在严谨上，已经丢分。

二、会见笔录

（律师看守所会见犯罪嫌疑人/被告人用）

文书简介

会见笔录是律师为犯罪嫌疑人、被告人提供法律帮助过程中，依法同他们会见，对他们的陈述所作的记录。

实务要点

会见笔录是律师办案的重要文书。当事人签字固定的会见笔录，不仅可以作为律师分析案情的依据，而且其中可以证明其无罪、罪轻或从轻或减轻的陈述，还可以用于庭审,如非法证据排除的证据线索。会见笔录还可以起到保护辩护律师的作用。

以律师会见犯罪嫌疑人、被告人的次数划分,可分为首次会见以及以后的常规会见;以阶段划分,可分为侦查阶段会见、审查起诉阶段会见、审判阶段会见(包括一审、二审)以及判决后的会见;按照是否批捕划分,可分为捕前会见和捕后会见。鉴于所处阶段不同,每次会见的工作重点也有所不同。善于复盘的律师朋友在网络上分享的"会见必问15条"以及"10大禁忌"等文章,都是实务心得,值得认真学习和借鉴。

在所有会见中,首次会见尤为重要,特别是侦查阶段的首次会见更为重要。

1. 为了顺利实现会见,做准备工作时应:

(1)提前在网上或者打电话预约;对于紧急的会见,应提前到羁押场所排队。

(2)了解当地羁押场所关于会见的具体"规定",做到心中有数。

(3)与委托人确定之前委托的律师是否超过两个人会见过;如有,需拿到之前律师事务所解除委托的合同和说明,从而实现新的两位律师会见。

(4)充分准备,对当事人、案件罪名、犯罪构成、变更强制措施条件规定等做足功课,并制作会见提纲。

(5)出发去看守所前,再致电委托人,告知会见安排,询问是否有需要转达的事项。

2. 会见中应注意

(1)首次会见,最重要的是建立信任关系。只有建立起相互信任的基本关系,其家属才能在之后的律师工作中积极配合,辩护人才能把智慧用于当事人的合法维权上,否则无从谈起。所以一定要抓住首次会见的机会。当事人的信任来自其对辩护人的判断。告知其是受谁委托而来,这个中间人在当事人心目中的位置,一定程度上决定了对律师的认可程度;如果没有坚挺的中间人,只是近亲属委托,则要通过自我介绍,让当事人信赖律师的专业能力,从而产生信任。

(2)了解当事人的基本情况。

(3)了解具体案情及讯问情况。

(4)告知当事人所涉罪名法律规定并告知其权利义务。

(5)初步与当事人沟通辩护方案。

(6)规避会见中的法律风险。

虽说法律规定律师会见时不受监听,但是否进行监听,其实也无从考证。所以律师的会见一定要规范,遵守监所会见规定。与被会见人沟通的内容要合法,更不能教唆违背事实进行辩解、翻供或参与串供等违法行为,对被会见人的违法要求明确拒绝,对于案件不利的谈话及时终止。

(7)会见笔录一定让被会见人核对并签字捺印,起到固定证据的效果。

文书范例

会见笔录(首次)

(_____涉嫌_____案)

会见时间:_____

会见地点:_____

会见律师:_____律师

记录律师:_____律师

被会见犯罪嫌疑人/被告人:_____

涉嫌罪名:_____

一、告知/被告人/上诉人律师身份及职责并确认委托关系

(一)你在被采取强制措施后第一次见到律师,可能有很多话想要讲,但希望你不要着急,请冷静并保持耐心。今天的会见,我们按照专业的步骤进行。我们是_____律师事务所的律师_____,根据《律师法》相关规定,接受您近亲属_____/_____法律援助中心_____的委托/指派,作为辩护律师依法会见您,担任您_____阶段的辩护人,为您提供法律服务,依法维护您的合法权益。

(二)如果您同意我们担任您的辩护人,请您在会见笔录及授权委托书上签字。

答:_____。

二、了解犯罪嫌疑人/被告人/上诉人的基本情况

(一)姓名_____ 性别_____ 民族_____

出生年月日:_____ 文化程度:_____ 身份证号码:_____

户籍所在地:_____ 所在单位及职务:_____

(二)是否为人大代表/政协委员/中共党员?

答：_____。

（三）现在身体情况如何？有无疾病及具体情况？

答：_____。

（四）以前是否受过治安处罚/刑事处罚？具体情况？

答：_____。

三、核对犯罪嫌疑人/被告人/上诉人被采取刑事强制措施的情况

（一）涉嫌罪名？

答：_____。

（二）采取强制措施时间？

答：_____。

（三）您是否收到拘留或逮捕通知书？

答：_____。

四、告知犯罪嫌疑人/被告人/上诉人的诉讼权利

辩护人的责任是根据事实和法律，提出证明犯罪嫌疑人、被告人无罪、罪轻或者减轻、免除其刑事责任的材料和意见，维护犯罪嫌疑人、被告人的诉讼权利和其他合法权益。作为律师，我们有义务告诉您刑事诉讼的一些基本法律规定和您的权利：

（一）《刑事诉讼法》第五十五条规定："对一切案件的判处都要重证据，重调查研究，不轻信口供。只有被告人供述，没有其他证据的，不能认定被告人有罪和处以刑罚；没有被告人供述，证据充分确实的，可以认定被告人有罪和处以刑罚。"

（二）"以事实为依据，以法律为准绳"是刑事诉讼的基本法律原则，事实由证据还原，刑事诉讼存在八类证据，其中包括您的供述。

（三）犯罪嫌疑人/被告人/上诉人的基本诉讼权利：

1. 要求变更强制措施的权利。

2. 申请有关办案人员回避的权利。

3. 侦查人员对你的提问，你应当如实回答，但是对与本案无关的问题，有拒绝回答的权利。根据案件事实你可以陈述有罪的情节，也可以作出无罪的辩解。

4. 有自行书写供述的权利，对侦查人员制作的讯问笔录有核对、补充、改正、附加说明的权利；讯问笔录你有权进行核对，若你没有阅读能力的，应要求侦查人员宣读。如果记载有遗漏或者差错，可以提出补充或者改正。在确认笔录没有错误后签名或者盖章。

5. 侦查机关应当将用作证据的鉴定意见向您告知,对鉴定意见有异议,可以申请补充鉴定或者重新鉴定。

6. 自行的辩护权和聘请律师辩护的权利。

7. 申诉权和控告权。

以上内容是否听清楚:

答:_____。

五、向犯罪嫌疑人/被告人/上诉人介绍刑事案件的办案期限

重点介绍侦查、审查起诉、一审三个阶段的办案期限,你是否清楚?

答:_____。

六、向犯罪嫌疑人/被告人/上诉人介绍相关规定

(一)现在向你详细介绍你所涉及罪名的规定,是否听清楚?

答:_____。

(二)现在向你介绍刑法中关于自首的规定。《刑法》第六十七条规定:犯罪以后自动投案,如实供述自己的罪行的,是自首。对于自首的犯罪分子,可以从轻或者减轻处罚。其中,犯罪较轻的,可以免除处罚。被采取强制措施的犯罪嫌疑人、被告人和正在服刑的罪犯,如实供述司法机关还未掌握的本人其他罪行的,以自首论。(详细说明自首的规定)以上听清楚了吗?

答:_____。

(三)现在向你介绍刑法中关于立功的规定。《刑法》第六十八条规定:犯罪分子有揭发他人犯罪行为,查证属实的,或者提供重要线索,从而得以侦破其他案件等立功表现的,可以从轻或者减轻处罚;有重大立功表现的,可以减轻或者免除处罚。(详细说明立功的规定)以上听清楚了吗?

答:_____。

(四)现在根据需要向你介绍、累犯、数罪并罚等方面的相关规定,你听清楚了吗?

答:_____。

七、了解案情相关情况(结合附页重点记录)

(一)请你回忆一下归案经过?(时间具体到小时);地点;在场人员(含同时被抓的);抓获人(人数、警服、证件);主动/被动;是否逃跑、反抗(是否有肢体接触);被抓时随身携带的物品;是否现场被讯问(问题及答复);是否使用执法记录仪等。

答:_____

_____。

（二）请你回忆一下第一次讯问的过程及内容？被带到公安机关的时间；实际接受讯问的时间；讯问地点（办公室、讯问室、其他、是否存在变动）；之前是否已经被询问（时间、地点、次数、内容）；是否签署过《犯罪嫌疑人权利义务告知书》；讯问人员（人数变化、警服、警号、姓名、年龄、体貌特征）；是否同录（笔录中是否载明、警官是否口头表达、设备）；讯问结束的时间（中间是否上过厕所、吃过饭、短暂休息）；非法取证（行为、行为人、频率、时间）；签署笔录的时间（是否马上签署、是否在签字时留有暗号）；反复讯问的问题；印象深刻的书面回答（发生过争执的）；签署拘留证的时间等。

答:_____。

（三）请你回忆一下其他讯问的过程及内容？（讯问开始时间、结束时间；讯问地点；新增问题及书面回答）

答:_____。

（四）请你回忆一下入所相关情况？（入所时间；体检情况，伤情记录是否真实、完整；监室及管教）

答:_____。

八、初步与当事人沟通辩护方案

答:_____。

九、询问犯罪嫌疑人/被告人/上诉人转达事项

（一）最近在看守所生活情况怎么样？

答:_____。

（二）你对家人有什么需要问候或交代的？

答:_____。

（三）你的钱和衣物够用吗？是否需要通知你家人为你存钱或寄送些生活用品？

答:_____。

（四）在今天的会见中律师有无教唆你作虚假陈述或作伪证？

答:_____。

（五）以上笔录请阅读，若你不识字我将读给你听，如果记录有遗漏或者错误之处，请予以补充或者更正，确认无误后请在每页签名并捺手印，并在最后一页注

明年月日。

答：_____。

被会见人签字捺印：_____

____年____月____日

会见笔录(常规)

第____次

会见时间：____年____月____日____时____分至____时____分

会见地点：_____

会见律师：_____

被会见人：_____

一、最近身体情况如何？

答：_____。

二、监室内相处是否融洽？有无侵害个人权利的事情发生？

答：_____。

三、(转达家属问候)

答：_____。

四、(介绍案件目前进程)

答：_____。

五、在律师上次来之后,本次来之前,侦查机关对你是否有讯问,讯问内容主要是什么？(附页)

答：_____。

六、家属非常关心你,你是否有需要转达的信息或者生活所需？

答：_____。

以上笔录请阅读,如果记录有遗漏或者错误,请提出补充或者修改,如果确认无误请签名。

被会见人签名：_____

会见时间：____年____月____日

【说明】

这两份"会见笔录"文书下载于庭立方网站①，著作权属庭立方所有。

为了方便向犯罪嫌疑人/被告人履行更加直接告知刑事诉讼法方面权利义务及各司法机关办案期限。本书在本章编有《侦查阶段诉讼权利义务告知书》（告知犯罪嫌疑人/被告人侦查阶段的权利义务用）、《审查起诉阶段诉讼权利义务告知书》（告知犯罪嫌疑人/被告人审查起诉阶段的权利义务用）以及《各阶段办案期限表》，可在会见时备用。

法律依据

1.《刑事诉讼法》第 39 条
2.《公安机关办理刑事案件程序规定》第 51 条
3.《律师办理刑事案件规范》第 18、61~64 条

三、律师调查笔录

（律师自行调查取证用）

文书简介

律师调查笔录，是指律师在办理刑事案件过程中，为了解案件情况而向知情人或其他有关人员，自行进行调查时制作的文字材料。

---

① 网址为 https://www.scxsls.com/knowledge/detail? id = 140394, https://www.scxsls.com/knowledge/detai/? id = 140396。

实务要点

(一)优先申请调取即申请证人到庭,次之进行自行调查

首先是申请侦查机关、检察机关或人民法院调查取证,其次是能申请证人出庭作证,而不直接向证人本人调取取证。如无法实现,则可以尝试自行调取。

(二)如要调取,也应严格依法依规

调查取证,应严格按照《刑事诉讼法》《律师办理刑事案件规范》等有关规定要求进行,做到依法规范调查取证。

辩护律师调查,需两位律师或一位律师辅以一位律师助理。要事前征得被调查人的同意。涉及调查被害人及近亲属或提供的证人时,还要取得前置许可文件。调查取证过程中,应先进行客观证据的调取,再对证人证言进行调取,作为客观证据的补强。在制作调查笔录时,不得误导、引诱证人,不得事先书写笔录内容,不得先行向证人宣读犯罪嫌疑人、被告人或其他证人的笔录,不得替证人代书证言,不得擅自更改、添加笔录内容;向不同的证人调查取证时应当分别进行;调查取证时犯罪嫌疑人、被告人的亲友不得在场,但需要申请无利害关系的见证人在场。

(三)调查如履薄冰,防范无害

孔子曰:"仁者不忧,智者不惑,勇者不惧。"罗翔也感叹,在人类所有美德中,勇敢是最稀缺的品质。

律师要调查,不能有勇无谋,要智勇双全。有经验的律师的做法,值得我们虚心学习借鉴。一般他们都要找无利害关系的见证人在场见证,并事前不和证人见面。制作笔录时,同步视频录像录音,用两套设备,一明一暗。暗处录音录像,在开始调查前,已开始录制。调查时,对着明处录音录像设备,告知证人,调查同步录音录像。暗处所录制影像资料,用于证明律师调查取证的合法、规范性,以防证人反言或可能出现的"执业报复"。

文书范例

律师调查笔录

（_____涉嫌_____案）

调查时间：_____

调查人：_____律师

记录人：_____律师

被调查人及联系方式：_____

调查地点：_____

案件无关在场见证人及联系方式：_____

  律师问：我们是_____律师事务所的律师_____（注：出示律师证），_____一案犯罪嫌疑人（被告人）的辩护人，根据《中华人民共和国刑事诉讼法》第四十三条和《中华人民共和国律师法》第三十五条之规定，向您调查、核实_____有关情况，并进行同步录音录像（注：建议必须有），你应当如实陈述你所了解的案件真实情况。不得作伪证，对与本案无关的问题有权拒绝回答，如有意作伪证或者隐匿证据，要负法律责任，经办案机关调查核实后将由你本人承担作伪证等相关的法律责任。《中华人民共和国刑法》第三百零五条规定，在刑事诉讼中，证人、鉴定人、记录人、翻译人对与案件有重要关系的情节，故意作虚假证明、鉴定、记录、翻译，意图陷害他人或者隐匿罪证的，处3年以下有期徒刑或者拘役；情节严重的，处3年以上7年以下有期徒刑。您听清楚了吗？是否同意接受本次调查？

  被调查人答：_____。

  律师问：您的姓名和基本情况？

  被调查人答：_____。

  律师问：您是否属于被害人或者其近亲属、被害人提供的证人，如果属于，则我们需要通过人民检察院或者人民法院申请并获得许可后再向您调查；如果不属于，则我们继续下面的调查。（或你作为被害人或者其近亲属、被害人提供的证人，经_____人民检察院/法院批准，出示许可文书，我们向你进行调查）

  被调查人答：_____。

  律师问：请您将了解的案件事实如实做一下陈述。

被调查人答：＿＿＿＿＿＿＿＿＿＿＿＿＿＿＿＿＿＿＿＿＿＿＿＿＿＿＿。

律师问：在今天的调查笔录过程中，律师对您有没有打骂、威胁、引诱、欺骗、刑讯逼供等违法行为的情况？

被调查人答：＿＿＿＿＿＿＿＿＿＿＿＿＿＿＿＿＿＿＿＿＿＿＿＿＿＿＿。

律师问：您以上所讲的是否属实？如果公安、司法机关通知你去作证，你是否同意？

被调查人答：＿＿＿＿＿＿＿＿＿＿＿＿＿＿＿＿＿＿＿＿＿＿＿＿＿＿＿。

律师问：今天的调查到此结束，以上笔录请阅读并核对。如果记录有遗漏或者错误，请提出补充或者修改；如果核对确认无误，请在笔录上逐页签名，并在最后一页写上"本人已看过，与我说的完全一样"。

被调查人答：＿＿＿＿＿＿＿＿＿＿＿＿＿＿＿＿＿＿＿＿＿＿＿＿＿＿＿。

被调查人：＿＿＿＿＿＿＿＿（签字捺印）

＿＿＿年＿＿＿月＿＿＿日

在场见证人：＿＿＿＿＿＿＿＿（签字捺印）

＿＿＿年＿＿＿月＿＿＿日

调查人：＿＿＿＿＿＿＿＿（签字）

＿＿＿年＿＿＿月＿＿＿日

记录人：＿＿＿＿＿＿＿＿（签字）

＿＿＿年＿＿＿月＿＿＿日

【说明】

本文书是根据《刑事诉讼法》第43条第1款及《律师法》第35条第1款的规定制作的。

法律依据

一、直接依据

1.《刑事诉讼法》

第四十三条　辩护律师经证人或者其他有关单位和个人同意，可以向他们收集与本案有关的材料，也可以申请人民检察院、人民法院收集、调取证据，或者申请人民法院通知证人出庭作证。

辩护律师经人民检察院或者人民法院许可,并且经被害人或者其近亲属、被害人提供的证人同意,可以向他们收集与本案有关的材料。

2.《律师法》

第三十五条 受委托的律师根据案情的需要,可以申请人民检察院、人民法院收集、调取证据或者申请人民法院通知证人出庭作证。

律师自行调查取证的,凭律师执业证书和律师事务所证明,可以向有关单位或者个人调查与承办法律事务有关的情况。

二、其他依据

1.《刑事诉讼法》第 42 条

2.《律师办理刑事案件规范》第 38~45、47 条

四、侦查阶段诉讼权利义务告知书

(告知犯罪嫌疑人/被告人侦查阶段的权利义务用)

文书简介

侦查阶段诉讼权利义务告知书用于告知犯罪嫌疑人侦查阶段的权利义务。

文书范例

侦查阶段诉讼权利义务告知书

[_____]____第____号

_____先生/女士:

本所接受_____(性别_____,身份证号码:_____)的委托,指派

＿＿＿＿＿＿律师担任您的辩护人。根据我国法律规定，犯罪嫌疑人在侦查阶段的主要权利、义务如下：

【权利】

一、各民族公民都有用本民族语言文字进行诉讼的权利。不通晓当地通用的语言文字，有权要求配备翻译人员，有权使用本民族语言文字进行诉讼。(《中华人民共和国刑事诉讼法》第九条)

二、对侦查人员在讯问过程中侵犯公民的诉讼权利或者进行人身侵害、侮辱的为，有权提出控告。(《中华人民共和国刑事诉讼法》第十四条)

三、对于侦查人员、鉴定人、翻译人员有下列情形之一的，当事人及其法定代理有权申请回避：(《中华人民共和国刑事诉讼法》第二十九条、第三十一条、第三十二条)

（一）是本案的当事人或者是当事人的近亲属的；

（二）本人或者他的近亲属和本案有利害关系的；

（三）担任过本案的证人、鉴定人、辩护人、诉讼代理人的；

（四）与本案当事人有其他关系，可能影响公正处理案件的。

四、对驳回申请回避的决定，可以为自己辩护的权利。(《中华人民共和国刑事诉讼法》第三十三条)

五、犯罪嫌疑人在被侦查机关第一次讯问后或者采取强制措施之日起，可以聘请律师为其提供法律咨询、代理申诉、控告。犯罪嫌疑人被逮捕的，聘请的律师可以为其申请变更强制措施。人民法院、人民检察院和公安机关收到申请后，应当在三日以内作出决定；不同意变更强制措施的，应当告知申请人，并说明不同意的理由。(《中华人民共和国刑事诉讼法》第三十四条、第九十七条)

六、犯罪嫌疑人、被告人及其法定代理人、近亲属或者辩护人对于人民法院、人民检察院或者公安机关采取强制措施法定期限届满的，有权要求解除强制措施。(《中华人民共和国刑事诉讼法》第九十八条、第九十九条)

七、有权拒绝回答与本案无关的问题，不得强迫自证其罪。(《中华人民共和国刑事诉讼法》第五十一条、第五十二条)

八、有权核对讯问笔录。犯罪嫌疑人没有阅读能力的，侦查人员应当向其宣读。

如果记载有遗漏或者差错，犯罪嫌疑人可以提出补充或者改正。犯罪嫌疑人有权自行书写供述。(《中华人民共和国刑事诉讼法》第一百二十二条)

九、有权知道用作证据的鉴定意见的内容,可以申请补充鉴定或重新鉴定。(《中华人民共和国刑事诉讼法》第一百四十八条)

十、侦查监督部门依法讯问的权利。按照相关规定,检察院侦查监督部门审查批准逮捕期间,依法可以讯问犯罪嫌疑人,听取意见;有下列情形之一的,应当讯问犯罪嫌疑人:(《中华人民共和国刑事诉讼法》第八十八条等)

(一)对是否符合逮捕条件有疑问的;

(二)犯罪嫌疑人要求向检察人员当面陈述的;

(三)侦查活动可能有重大违法行为的;

(四)案情重大疑难复杂的;

(五)犯罪嫌疑人系未成年人的;

(六)犯罪嫌疑人是盲、聋、哑人或者是尚未完全丧失辨认或者控制自己行为能力的精神病人的。

十一、向侦查监督部门提出听取犯罪嫌疑人意见的权利。在办理审查批准逮案件,对被拘留的犯罪嫌疑人不予讯问的,应当送达听取犯罪嫌疑人意见书,有犯罪嫌疑人填写后及时收回审查并附卷。经审查认为应当讯问犯罪嫌疑人的,应当及时讯问。(《人民检察院刑事诉讼规则》第二百八十条)

十二、监督、控告检察员讯问合法性的权利。讯问犯罪嫌疑人时,检察人员不得少于两人,应当在看守所内进行。同时,检察人员应当依法告知犯罪嫌疑人的诉讼权利和义务,听取其供述和辩解,有检举揭发他人犯罪线索的,应当予以记录,并依照有关规定移送有关部门处理。

讯问犯罪嫌疑人应当制作讯问笔录,并交犯罪嫌疑人核对或者向其宣读,经核对无误后逐页签名、盖章或者捺手印并附卷。犯罪嫌疑人请求自行书写供述的,应当准许,但不得以自行书写的供述代替讯问笔录。

检察人员讯问时如果没有按照上述规定进行,犯罪嫌疑人可以要求检察人员按照规定进行或者提出控告。(《中华人民共和国刑事诉讼法》第十四条、第一百十八条、第一百二十二条)

十三、申请检察人员回避的权利。检察人员有下列情形之一的,犯罪嫌疑人有权要求他们回避:(《中华人民共和国刑事诉讼法》第二十九条、第三十条、第三十一条)

(一)是本案的当事人或者是当事人的近亲属的;

(二)本人或者他的近亲属和本案有利害关系的;

（三）担任过本案的证人、鉴定人、辩护人、诉讼代理人的；

（四）与本案当事人有其他关系，可能影响公正处理案件的；

（五）接受当事人及其委托的人的请客送礼或者违反规定会见当事人及其委托的人。

对于驳回申请回避的决定，可以申请复议一次。

十四、对错误拘留、逮捕可获得国家赔偿的权利。（《中华人民共和国国家赔偿法》第十七条）

十五、批捕后及时接受讯问的权利。人民法院、人民检察院对于各自决定逮捕的人，公安机关对于经人民检察院批准逮捕的人，都必须在逮捕后的二十四小时以内进行讯问。在发现不应当逮捕的时候，必须立即释放，发给释放证明。（《中华人民共和国刑事诉讼法》第九十四条）

十六、提出羁押必要性审查的权利。犯罪嫌疑人可以申请人民检察院进行羁押必要性审查。申请时应当说明不需要继续羁押的理由。有相关证据或者其他材料的，应当提供。刑事执行检察部门在收到材料后的三个工作日内决定是否立案。立案后十个工作日以内决定是否提出释放或者变更强制措施的建议。案件复杂的，可以延长五个工作日。（《中华人民共和国刑事诉讼法》第九十五条）

十七、获知羁押必要性审查结果的权利。对于依申请立案审查的案件，人民检察院办结后，应当将有关结果及时书面告知申请人（所提出的建议办案机关处理情况、有继续羁押必要的审查意见和理由）；应当将所提出的建议、办案机关处理情况，或者有继续羁押必要的审查意见和理由书面告知当事人。（《中华人民共和国刑事诉讼法》第九十七条、第九十八条、第九十九条）

十八、认罪认罚获得从宽处理的权利。（《中华人民共和国刑事诉讼法》第十五条）

【义务】

一、对侦查人员的合法讯问，应当如实回答。（《中华人民共和国刑事诉讼法》第一百二十条）

二、依法接受拘传、取保候审、监视居住、拘留、逮捕等强制措施和人身检查、搜查、扣押、鉴定等侦查措施。（《中华人民共和国刑事诉讼法》第六十六条、第六十八条、第七十一条、第七十四条、第七十七条）

【法律提示】

本案所涉及的法律条文为：_____。

相关的司法解释为：_____。
立案标准为：_____。

犯罪嫌疑人/被告人：_____
____年____月____日

五、审查起诉阶段诉讼权利义务告知书

（告知被告人审查起诉阶段的权利义务用）

文书简介

审查起诉阶段诉讼权利义务告知书为告知被告人审查起诉阶段的权利义务用的法律文书。

文书范例

审查起诉阶段诉讼权利义务告知书

[_____]____第____号

_____先生/女士：

本所接受_____（性别____，身份证号：_____）的委托，指派我所_____律师担任您的辩护人。根据我国法律规定，犯罪嫌疑人在审查起诉阶段的主要权利、义务如下：

【权利】

一、如实供述获得从宽处理的权利（《中华人民共和国刑事诉讼法》第十五条）

在接受讯问时,您如实供述自己的罪行,可以获得从宽处理。

二、不被强迫自证其罪的权利(《中华人民共和国刑事诉讼法》第五十一条、第五十二条)

公诉案件中被告人有罪的举证责任由人民检察院承担,自诉案件中被告人有罪的举证责任由自诉人承担,检察人员不得强迫任何人证实自己有罪。

三、辩护及获得法律援助的权利(《中华人民共和国刑事诉讼法》第三十三条、第三十五条)

您有权为自己辩护,还可以委托一至二人作为辩护人。经济困难或者有其他原因没有委托辩护人的,可以向法律援助机构提出申请。

四、使用本民族语言文字进行诉讼及获得翻译的权利(《中华人民共和国刑事诉讼法》第九条)

您有权使用本民族语言文字进行诉讼。不通晓当地通用的语言文字时有权要求配备翻译人员。如果您是聋、哑人或者不通晓当地通用语言文字,检察机关应当为您聘请通晓聋、哑手势或者当地通用语言文字且与本案无利害关系的人员为您提供翻译。

五、申请回避的权利(《中华人民共和国刑事诉讼法》第二十九条、第三十条、第三十一条、第三十二条)

对于检察人员、鉴定人、书记员、翻译人员有下列情形之一的,有权申请他们回避:

(一)是本案的当事人或者是当事人的近亲属的;

(二)本人或者他的近亲属和本案有利害关系的;

(三)担任过本案的证人、鉴定人、辩护人、诉讼代理人的;

(四)与本案当事人有其他关系,可能影响公正处理案件的。

对于驳回申请回避的决定,可以申请复议一次。

六、核对笔录、讯问知情、亲笔书写供词和不回答无关问题的权利(《中华人民共和国刑事诉讼法》第一百二十条、第一百二十二条)

有权核对讯问笔录的权利,笔录记载有遗漏或者差错,可以提出补充或者改正。

有权要求自行书写供述。

对与本案无关的问题,可以不回答。同时,在接受讯问时有权为自己辩解。

有权了解检察机关是否对讯问进行同步录音录像,并了解制作人员情况。对于希望在接受讯问时同步录音录像的,可以要求进行同步录音录像,并保持完整性。

七、有权核实有关证据(《中华人民共和国刑事诉讼法》第三十九条)

有权核实有关证据。对于需要补充鉴定或重新鉴定的,可以申请补充鉴定或申请重新鉴定。对于能够证明自己无罪或罪轻的证据材料,可以要求补充或申请调取。

八、同意适用简易/速裁程序的权利(《中华人民共和国刑事诉讼法》第二百一十四条至第二百二十一条;第二百二十二条至二百二十六条)

对于可以适用简易/速裁程序审理的案件,检察机关在征得您的同意后,可以建议人民法院适用简易/速裁程序进行审理。(建议在行使该权利前,应听取辩护人的意见)

九、申请变更及解除强制措施等权利(《中华人民共和国刑事诉讼法》第九十七条至第九十九条)

有权自行或法定代理人申请或通过近亲属、辩护人申请变更强制措施。

对于不能在法律规定的期限内办结的,有获得释放的权利,如需继续查证、审理的,可以办理取保候审或监视居住。

对于采取强制措施超过法定期限的,有权要求解除强制措施。

十、证明文件知悉权(《中华人民共和国刑事诉讼法》第一百一十九条)

如果被传唤到指定地点或住处接受讯问,有权要求检察人员出示证明文件。

十一、控告、申诉及获得国家赔偿的权利(《中华人民共和国刑事诉讼法》第十四条、第一百一十七条,《中华人民共和国国家赔偿法》第十七条、第十八条)

对于侦查人员、检察人员侵犯其诉讼权利和人身侮辱的行为,有权提出申诉或对司法机关及其工作人员的下列行为有申诉或控告的权利:

(一)采取强制措施法定期限届满,不予以释放、解除或者变更的;

(二)应当退还取保候审保证金不退还的;

(三)对与案件无关的财物采取查封、扣押、冻结措施的;

(四)应当解除查封、扣押、冻结不解除的;

(五)贪污、挪用、私分、调换、违反规定使用查封、扣押、冻结的财物的。

对办案人员采用刑讯逼供等非法方法收集证据的行为,您有权提出控告。如果您能够提供涉嫌非法取证的人员、时间、地点、方式和内容等材料或者线索的,检察机关应当受理并审查。

如果您的人身权利、财产权利因检察机关及其工作人员违法行使职权而受到侵犯，您有权要求国家赔偿。

十二、重大案件侦查终结前有权要求驻监所检察官对侦查活动是否合法进行调查(《关于推进以审判为中心的刑事诉讼制度改革的意见》第五条)

十三、刑事和解、获得被害人谅解、认罪认罚获得从宽处罚的权利(《中华人民共和国刑事诉讼法》第二百八十八条至第二百九十条)

十四、获悉涉案相关法律规定的权利

首次讯问笔录没有记录告知被讯问人相关权利和法律规定的被告人或犯罪嫌疑人供述，不得采信。请您注意，如侦查机关或检察机关未依法向您告知涉案的相关法律规定，您有权要求对讯问笔录不得作为定案的依据。

十五、通信、通话权利(《中华人民共和国刑事诉讼法》第三十九条)

十六、其他权利保障(《中华人民共和国刑事诉讼法》第五十四条、第一百一十九条、第二百八十一条)

在接受传唤、拘传、讯问时，有权要求饮食和必要的休息时间。

对于涉及商业秘密、个人隐私的证据，有权要求保密。

未满十八周岁的犯罪嫌疑人在接受讯问时有权要求通知其法定代理人到场的权利。

【义务】

一、接受相关诉讼行为的义务(《中华人民共和国刑事诉讼法》第七十一条、第七十七条)

应当遵守《中华人民共和国刑事诉讼法》及有关规定，接受检察机关依法采取的强制措施及其他诉讼行为。

二、不得干扰作证的义务(《中华人民共和国刑事诉讼法》第七十一条)

在诉讼中不得隐匿、伪造、毁灭证据或者串供，不得威胁引诱证人作伪证以及进行其他干扰司法机关诉讼活动的行为；违反前述规定的，将被追究法律责任。

三、接受讯问并在笔录上签名、按要求书写亲笔供词的义务(《中华人民共和国刑事诉讼法》第一百二十条、第一百二十二条)

对检察人员的讯问，应当如实回答。如果您认为讯问笔录没有错误，应当逐页签名、盖章或者捺手印。

必要的时候，经检察人员要求，您应当亲笔书写供述。

四、依照法定程序接受检查、搜查的义务(《中华人民共和国刑事诉讼法》第一百三十二条)

应当接受为确定您的某些特征或者生理状态而进行的人身检查、提取指纹信息,采集血迹、尿液等生物样本。如果您拒绝上述要求,检察人员认为必要的时候,可以强制检查。如果您是女性,检查您的身体应当由女工作人员或者医师进行。

您应当接受检察人员为收集犯罪证据而进行的搜查。

【法律提示】

本案所涉及的法律条文为：＿＿＿＿＿＿＿＿＿＿＿＿＿＿＿。

相关的司法解释：＿＿＿＿＿＿＿＿＿＿＿＿＿＿＿。

立案标准：＿＿＿＿＿＿＿＿＿＿＿＿＿＿＿。

犯罪嫌疑人/被告人：＿＿＿＿＿＿＿

＿＿＿年＿＿＿月＿＿＿日

律师通信方式：＿＿＿＿＿＿＿＿＿＿＿＿＿＿＿。

联系电话：＿＿＿＿＿＿＿＿＿＿＿＿＿＿＿。

E－mail：＿＿＿＿＿＿＿＿＿＿＿＿＿＿＿。

律所名称：＿＿＿＿＿＿＿＿＿＿＿＿＿＿＿。

律所电话：＿＿＿＿＿＿＿＿＿＿＿＿＿＿＿。

律所地址：＿＿＿＿＿＿＿＿＿＿＿＿＿＿＿。

六、各阶段办案期限告知表

(告知犯罪嫌疑人/被告人各阶段办案期限用)

文书简介

各阶段办案期限告知表用于会见犯罪嫌疑人、被告人时,向犯罪嫌疑人、被告人进行相应告知。

具体刑事办案期限一览表见表1至表5。①

表1 拘留后逮捕前办案期限不超过37天

办案机关	项目	适用范围		期限	法律依据
公安机关	拘留后提请批捕	一般犯罪嫌疑人	一般情况	3日	《刑事诉讼法》第91条
			特殊情况	延长1~4日	
		流窜、结伙、多次作案的		延长至30日	
检察机关	批准逮捕	已拘留的,检察院作出批准、不批准决定		7日	《人民检察院刑事诉讼规则》第297、290、291条
		未被拘留的,检察院作出批准、不批准决定	一般情况	15日	
			重大、复杂案件	20日	
	公安复议	公安机关对不批准逮捕的决定要求复议		7日	
	公安复核	公安机关对经复议后仍不批捕的提请复核		15日	

表2 逮捕后侦查羁押期限2~7个月

办案机关	项目	适用范围	期限	法律依据
公安机关	侦查取证	犯罪嫌疑人逮捕后的羁押期限	2个月	《刑事诉讼法》第156条
		案情复杂、期限届满不能终结	延长1个月	
		四类案件: 1. 交通十分不便的边远地区的重大复杂案件; 2. 重大的犯罪集团案件; 3. 流窜作案的重大复杂案件; 4. 犯罪涉及面广,取证困难的重大复杂案件	延长2个月	《刑事诉讼法》第158条

---

① 《刑事办案期限一览表(最新版)》,载开封市中级人民法院2021年5月19日,http://kfzy.hn-court.gov.cn/public/detail.php? id = 10110。

续表

办案机关	项目	适用范围	期限	法律依据
		对犯罪嫌疑人可能判处十年有期徒刑以上刑罚,在第158条规定的期限满不能侦查终结的	再延长2个月	《刑事诉讼法》第159条
		侦查期间,发现犯罪嫌疑人另有重要罪行的;犯罪嫌疑人不讲真实姓名、住址,身份不明的	重新计算查明计算	《刑事诉讼法》第160条
		因特殊原因,在较长时间内不宜交付审判的特别重大复杂案件,由最高检报批延期审理	—	《刑事诉讼法》第157条

表3 审查起诉期限10天至6.5个月

办案机关	项目	适用范围		期限	法律依据
检察机关	审查起诉	对公安机关移送起诉的案件	符合速裁程序适用条件的	10日至15日	《刑事诉讼法》第172条
			一般案件	1个月	
			重大、复杂的案件	延长15日	
		改变管辖的,从改变后的检察院收到案件之日		重新计算	
公安机关	补侦	第一次补充侦查		1个月	《刑事诉讼法》第175条
检察机关	审查起诉	第一次补充侦查后移送检察院	一般情况	1个月	
			延长期限	15日	
公安机关	补侦	第二次补充侦查		1个月	
检察机关	审查起诉	第二次补充侦查后移送检察院	一般情况	1个月	
			延长期限	15日	

表 4　不起诉案件相关期限

办案机关	项目	适用范围	期限	法律依据
检察机关	被不起诉人申诉（相对不诉）	负责捕诉的部门进行复查	7日内提出	《人民检察院刑事诉讼规则》第385条
		负责控告申诉检察的部门审查，并作出决定：认为可能存在错误的，移送负责捕诉的部门进行复查	7日后提出	
	被害人申诉	上一级人民检察院负责捕诉的部门进行复查	7日内提出	《人民检察院刑事诉讼规则》第381条
		负责控告申诉检察的部门审查，并作出决定：认为可能存在错误的，移送负责捕诉的部门进行复查	7日后提出	《人民检察院刑事诉讼规则》第382条
	公安、监察机关复议	公安机关、监察机关对不起诉的决定要求复议	30日	《人民检察院刑事诉讼规则》第379条
	公安复核	公安机关对经复议后仍不起诉的提请复核	30日	《人民检察院刑事诉讼规则》第380条
	办理不起诉申诉	一般情况	3个月	《人民检察院刑事诉讼规则》第386条
		案件复杂的	6个月	

表 5　一审法定审理期限 10 日至 6 个月

办案机关	项目	适用范围		期限	法律依据
人民法院	一审	适用简易程序审理案件		20 日至一个半月	《刑事诉讼法》第 220 条
		适用速裁程序审理案件		10～15 日	《刑事诉讼法》第 225 条
		审理自诉案件	被告人被羁押的	2～3 个月	《刑事诉讼法》第 212 条
			被告人未被羁押的	6 个月	
		审查公诉案件	一般情况	2 个月	《刑事诉讼法》第 208 条
			至迟	3 个月	
		可能判处死刑的案件或者附带民事诉讼的案件；《刑事诉讼法》第 158 条规定的四类案件：1. 交通十分不便的边远地区的重大复杂案件；2. 重大的犯罪集团案件；3. 流窜作案的重大复杂案件；4. 犯罪涉及面广，取证困难的重大复杂案件		延长 3 个月	
		改变管辖的，从改变后的法院收到案件之日		重新计算	
检察机关	补侦	人民法院退回检察机关补充侦查的公诉案件		1 个月	
人民法院	一审	检察院补充侦查完毕，移送人民法院的案件		重新计算	
当事人以及检察机关	上诉抗诉	上诉、抗诉案件	不服判决	10 日	《刑事诉讼法》第 230 条
			不服裁定	5 日	

不计入办案期限的期间：

1. 精神鉴定(《刑事诉讼法》第 149 条)

对犯罪嫌疑人作精神病鉴定的期间不计入办案期限。

2. 延期审理(《刑事诉讼法》第 204 条)

(1)需要通知新的证人到庭,调取新的物证,重新鉴定或者勘验的;

(2)检察人员发现提起公诉的案件需要补充侦查,提出建议的;

(3)由于申请回避而不能进行审判的。

3. 中止审理:(《刑事诉讼法》第 206 条)

(1)被告人患有严重疾病,无法出庭的;

(2)被告人脱逃的;

(3)自诉人患有严重疾病,无法出庭,未委托诉讼代理人出庭的;

(4)由于不能抗拒的原因。

4. 调阅案卷(规则第 447 条)

人民检察院在接到第二审人民法院决定开庭、查阅案卷通知后,可以查阅或者调阅案卷材料。查阅或者调阅案卷材料应当在接到人民法院的通知之日起一个月以内完成。在一个月以内无法完成的,可以商请人民法院延期审理。

5. 更换辩护人(《关于严格执行案件审理期限制度的若干规定》第 9 条)

刑事案件因另行委托、指定辩护人,法院决定延期审理的,自案件宣布延期审理之日起至第十日止。

【说明】

上述表格系转载于开封市中级人民法院网站。综合来源:刑事备忘录、刑法权威解读、法学备忘录,援引只用于交流,版权归原作者。原标题《刑事办案期限一览表》(2021 版)。

七、办案总结

文书简介

办案总结,是指律师在承办的刑事诉讼案件完结之后,对承办案件进行的回顾及所获得的经验教训与心得的书面总结材料。

实务要点

律师圈里有句自嘲"专业选得好,年年似高考",又有俗语"活到老,学到老"。法律服务是一生都要学习的工作,学法律、学做人、学做事。时刻关注立法及司法改革,学习新法律、法规、司法解释;总是会遇到不同人、遇到不同的案件,所以律师应不断"吾日三省吾身":为人谋而不服务到位乎?

在撰写办案总结过程中,律师应当认真回顾参加该项诉讼活动的全过程,对照司法机关的最终裁判结果,同时对比委托人、犯罪嫌疑人、被告人签约前后的认同程度,客观评析自己在这一过程中的思路、行为、对策、服务体验程度。总结经验,吸取教训,弥补不足,这样才能使自身素质与办案水平不断得到提高。

文书范例

办案总结

一、案由、当事人、接受委托的过程及委托权限:

_____。

二、案件主要事实、争论焦点以及律师或律师事务所集体讨论的辩护意见:

_____。

三、办理案件过程中律师所进行的工作:(办案思路,具体工作内容。特别是在办案过程中出现的特殊情况以及为此而采取的措施和对策):

_____。

四、开庭审理过程:

_____。

五、案件结果(撤诉、不起诉及起诉后法院裁判结果):

_____。

六、本案办理的经验与教训:

_____。

七、特别提醒：

_____。

办案律师：_____

____年____月____日

【说明】

本文书根据《律师办理刑事案件规范》第 16 条的规定制作。

法律依据

《律师办理刑事案件规范》

第十六条 律师办理刑事案件结案后，应当撰写办案总结，与辩护词或代理词、法律文书以及摘抄、复制的案卷材料等一并归档保存。